기초를 **단단**히 다지는

소명선, 김대양, 박진향, 손영석, 최희숙,
이토 에미(伊藤江美), 마쓰자키 미에코(松崎美恵子) 저

입문

1

🎓 **시사일본어사**

외국어를 학습한다는 것은 단순한 언어 습득이 아닌, 이질적인 문화를 이해하고 수용하는 과정이기도 합니다. 언어에는 사용자 고유의 사고 방식과 문화가 내포되어 있습니다. 일본어의 경우, 동일한 한자 문화권이라는 점 외에도 한국어와 유사한 부분이 많습니다. 그러나 한국과 일본의 문화는 동일하지 않습니다. 처음으로 일본어를 공부하는 사람은 언어의 기능적인 면의 습득뿐 아니라 미지의 세계의 문화를 일본어를 통해 알아가는 과정이 될 것입니다.

　이 책의 집필진은 수년간 대학 현장에서 일본어 교육에 종사해 온 교육 경험자들로 구성되었습니다. 교육 과정에서 기존의 교재에서 발견되는 문제점을 분석하고, 가장 효과적이고 간결한 교육이 가능하면서 동시에 학습의 즐거움과 성취감을 줄 수 있는 교재의 필요성을 절감한 결과, 교재 편찬 작업에 착수하기에 이르렀습니다. 따라서 집필진이 가장 심혈을 기울인 점은 군더더기 없이 심플하게, 그러나 핵심 사항을 빠짐없이 효과적으로 전수하는 것과 일본어 학습이 어렵고 복잡한 것이 아니라 흥미진진한 것으로 받아들이도록 하게끔 하는 것이었습니다.

　이 책은 1, 2단계로 이루어진 일본어 입문서로, 일련의 과정을 통해 기초적이면서도 핵심적인 문법 사항과 일본어능력시험(JLPT) N3~N4 수준의 어휘를 습득하여 기본적인 일상 회화가 가능하도록 하는 것을 목표로 하였습니다. 그러나 주요한 문법 사항과 문형 등에 대한 상세한 설명과 학습 과정의 팁을 교수자가 학습자에게 교수하는 체제를 염두에 두고 만든 교재이기 때문에 독학을 계획한 학습자에게는 다소 어렵게 느껴질 수도 있습니다.

　이 책을 통해 일정 기간 교수자와 함께 핵심적인 요소를 즐겁게 학습함으로써 일본을 이해하고 또 그 과정 속에서 단단(점차) 일본어 실력이 향상되어 감을 체감할 수 있기를 바라는 바입니다.

저자 일동

이 책은 초급 학습자를 위한 강의용 교재로, 기본적인 구성은 핵심적인 문법 사항을 담고 있는 〈회화〉, 〈문형 익히기〉, 〈연습하기〉와 그림으로 어휘를 익히는 〈그림 사전〉, 일본 사회 및 문화를 이해하는 데 도움이 되는 〈문화 엿보기〉의 내용으로 이루어져 있습니다. 단순한 구성이지만, 각 단원별 학습을 통해 말하기 · 듣기 · 읽기 · 쓰기 능력을 고루 배양할 수 있도록 한다는 점에 중점을 두었습니다.

전체 2권으로 구성되어 있고, 한 과에서 학습한 내용이 다음 과에서 충분히 복습이 되도록 예시 문장을 고안했으며, 과를 거듭할수록 표현 방식이 연계되어 발전적으로 확장해 가도록 했습니다.

회 화

각 과에서 학습할 핵심 요소를 자연스러운 회화 문장 속에 담아 제시된 상황과 함께 핵심 사항을 효과적으로 기억할 수 있도록 했습니다.

단어 및 표현

회화에 나오는 주요 어휘들을 하단의 〈단어 및 표현〉에서 미리 체크할 수 있습니다.

들어가기

과별로 학습하게 될 내용을 숙지할 수 있도록 학습 목표와 학습 요점을 제시했습니다.

문형 익히기

문법 포인트를 간결하면서도 효과적으로 전달하기 위해 다양한 예문을 제시했습니다. 학습자가 오용하기 쉬운 문법 사항을 주의!로 환기시키고 레벨을 향상시키기 위한 포인트를 제공했습니다.

연습하기

학습한 문형을 보다 자유롭게 구사할 수 있도록
확장된 어휘를 사용하여 문제를 제시했습니다.
다양한 형태의 문제를 통해 심화 훈련을 할 수
있습니다.

그림 사전

일본어에 대한 흥미를 높이도록 각 과에서 학습한
내용과 관련된 어휘를 정리했습니다. 한눈에 들어오는
그림을 통하여 어려운 단어도 쉽게 익힐 수 있습니다.

문화 엿보기

각 과마다 일본의 독특한 문화를
소개함으로써 일본어 학습의
즐거움과 재미 요소를 더했습니다.

문법 정리

단계별로 학습한 문법 사항 중, 핵심이 되는
내용을 권말에 간결하게 정리했습니다.

MP3 파일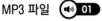

시사일본어사 홈페이지(www.sisabooks.com)에서 '단단 일본어 입문'을 검색하면 MP3 음성 파일을 다운 받을 수 있습니다.

목 차

01 私は韓国人です。   저는 한국인입니다.   50

회화 51 ㅣ 문형 익히기 52 ㅣ 연습하기 54 ㅣ 그림 사전(国家 국가) 56 ㅣ 문화 엿보기(地名 지명) 57

02 これは日本の雑誌です。   이것은 일본 잡지입니다.   58

회화 59 ㅣ 문형 익히기 60 ㅣ 연습하기 64 ㅣ 그림 사전(文房具 문방구) 66 ㅣ
문화 엿보기(横書きと縦書き 가로쓰기와 세로쓰기) 67

03 今日は暖かいですね。   오늘은 따뜻하네요.   68

회화 69 ㅣ 문형 익히기 70 ㅣ 연습하기 72 ㅣ 여러 가지 い형용사 74 ㅣ
그림 사전(季節天気 계절과 날씨) 76 ㅣ 문화 엿보기(雨 비) 77

04 私の友達は料理が上手です。   제 친구는 요리를 잘합니다.   78

회화 79 ㅣ 문형 익히기 80 ㅣ 연습하기 82 ㅣ 여러 가지 な형용사 84 ㅣ 그림 사전(家族 가족) 86 ㅣ
문화 엿보기(ウチとソト 우리와 남) 87

05 いちごケーキとバナナケーキとどちらが好きですか。   88

딸기 케이크와 바나나 케이크 어느 쪽을 좋아합니까?

회화 89 ㅣ 문형 익히기 90 ㅣ 연습하기 92 ㅣ 그림 사전(職業 직업) 94 ㅣ
문화 엿보기(一人前 한 사람 몫) 95

일본어의
문자와
발음

1 일본어 문자

일본어는 히라가나(ひらがな), 가타카나(カタカナ), 한자, 알파벳, 아라비아 숫자를 병용하여 표기하는 것이 일반적이다.

예

私はカメラを準備します。   저는 카메라를 준비하겠습니다.

朝8時のNHKのドラマがおもしろいです。   아침 8시 NHK드라마가 재미있습니다.

히라가나 ひらがな

한자의 초서체를 바탕으로 만든 문자로, 그 모양이 부드러운 곡선으로 이루어져 있다. 일본 헤이안 시대(平安時代: 794~1192) 초기부터 궁중 여성들의 수필이나 서간문 등에 사용되기 시작했다. 오늘날에는 일상 언어를 표현하는 데에 있어서 한자와 함께 가장 많이 쓰인다.

가타카나 カタカナ

헤이안 시대에 한자의 획 일부를 생략하거나 간략화하여 만든 문자로, 모양이 직선적이며 각을 이루는 경우가 많다. 주로 외래어, 의성어 · 의태어, 특별히 강조하고 싶은 말을 표기할 때 사용한다.

한 자 漢字

일본어 한자 읽는 방법에는 훈독(訓読)과 음독(音読) 두 가지가 있으며, 읽는 방법에 따라 의미가 달라지기도 한다. 일본에서는 2019년도 현재 2,136자의 상용한자(常用漢字)를 제정하여 사용하고 있으며 주로 약자(略字)로 표기한다.

예

国 : 훈독 くに[kuni] 음독 こく[koku]

學校 → 学校　　韓國 → 韓国

오십음도(五十音図)

히라가나 ひらがな

わ행	ら행	や행	ま행	は행	な행	た행	さ행	か행	あ행	
ん N	わ wa	ら ra	や ya	ま ma	は ha	な na	た ta	さ sa	か ka	あ a	あ단
		り ri		み mi	ひ hi	に ni	ち chi	し shi	き ki	い i	い단
		る ru	ゆ yu	む mu	ふ fu	ぬ nu	つ tsu	す su	く ku	う u	う단
		れ re		め me	へ he	ね ne	て te	せ se	け ke	え e	え단
	を wo	ろ ro	よ yo	も mo	ほ ho	の no	と to	そ so	こ ko	お o	お단

가타카나 カタカナ

ワ행	ラ행	ヤ행	マ행	ハ행	ナ행	タ행	サ행	カ행	ア행	
ン N	ワ wa	ラ ra	ヤ ya	マ ma	ハ ha	ナ na	タ ta	サ sa	カ ka	ア a	ア단
		リ ri		ミ mi	ヒ hi	ニ ni	チ chi	シ shi	キ ki	イ i	イ단
		ル ru	ユ yu	ム mu	フ fu	ヌ nu	ツ tsu	ス su	ク ku	ウ u	ウ단
		レ re		メ me	ヘ he	ネ ne	テ te	セ se	ケ ke	エ e	エ단
	ヲ wo	ロ ro	ヨ yo	モ mo	ホ ho	ノ no	ト to	ソ so	コ ko	オ o	オ단

2 일본어 발음 히라가나

청음(清音) あ행

あ	い	う	え	お
[a]	[i]	[u]	[e]	[o]

사랑	집	위	가오리	남자 조카
あい	いえ	うえ	えい	おい
あい	いえ	うえ	えい	おい

か행

か [ka]	き [ki]	く [ku]	け [ke]	こ [ko]
か　か	き　き	く　く	け　け	こ　こ

얼굴	기계	줄기	연못	목소리
かお	きかい	くき	いけ	こえ
かお	きかい	くき	いけ	こえ

15

청음 さ행

さ [sa]	し [shi]	す [su]	せ [se]	そ [so]

술	사계절	초밥	세계	거기
さけ	しき	すし	せかい	そこ

た행

た [ta]	ち [chi]	つ [tsu]	て [te]	と [to]
た　た	ち　ち	つ　つ	て　て	と　と

문어	아버지, 아빠	달	철	해(年), 나이
たこ	ちち	つき	てつ	とし
たこ	ちち	つき	てつ	とし

청음 **な**행

な ① ③ ② ④	に ① ② ① ③	ぬ ① ②	ね ② ①	の ①
[na]	[ni]	[nu]	[ne]	[no]
な　な	に　に	ぬ　ぬ	ね　ね	の　の

여름	고기	개	고양이	도끼
なつ	にく	いぬ	ねこ	おの
なつ	にく	いぬ	ねこ	おの

は행

は [ha]	ひ [hi]	ふ [fu]	へ [he]	ほ [ho]

어머니, 엄마	사람	옷	배꼽	별
はは	ひと	ふく	へそ	ほし

청음 **ま**행

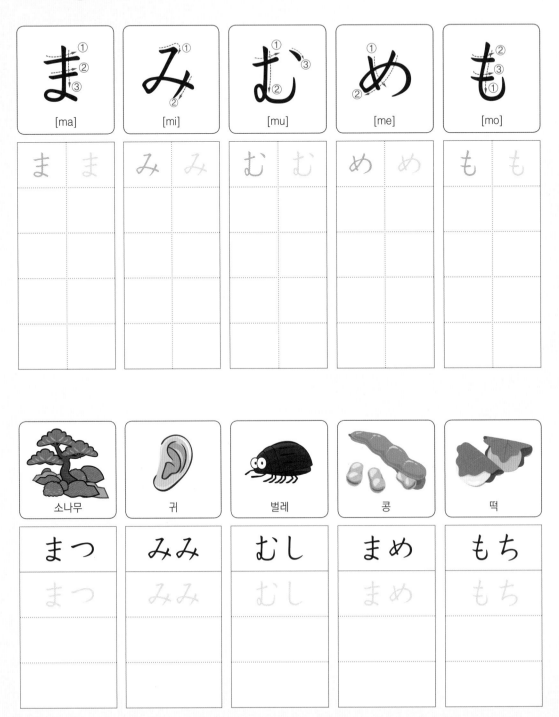

ま①②③	み①②	む①③②	め①②	も②③①
[ma]	[mi]	[mu]	[me]	[mo]
ま　ま	み　み	む　む	め　め	も　も

소나무	귀	벌레	콩	떡
まつ	**みみ**	**むし**	**まめ**	**もち**
まつ	みみ	むし	まめ	もち

や행

[ya]	
や	や

ゆ	
[yu]	
ゆ	ゆ

よ	
[yo]	
よ	よ

산

やま

やま

눈

ゆき

ゆき

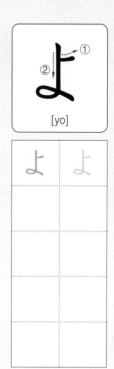
새벽

よあけ

よあけ

청음 ら행

ら①②	り① ②	る①	②れ①	ろ①
[ra]	[ri]	[ru]	[re]	[ro]
ら ら	り り	る る	れ れ	ろ ろ

하늘	다람쥐	부재	역사	육(6)
そら	りす	るす	れきし	ろく
そら	りす	るす	れきし	ろく

わ행　　　　　　　　　　　　　　　ん

[wa]

わ　わ

[wo]

を　を

[N]

ん　ん

나

わたし

わたし

を
~을/를

〜を

〜を

책

ほん

ほん

혼동하기 쉬운 히라가나

あ・お		
[a]	[o]	

い・り	
[i]	[ri]

か・や	
[ka]	[ya]

さ・き	
[sa]	[ki]

は・ほ・ま		
[ha]	[ho]	[ma]

ぬ・め	
[nu]	[me]

ね・れ・わ		
[ne]	[re]	[wa]

る・ろ	
[ru]	[ro]

탁음(濁音)

표기는 か·さ·た·は행의 오른쪽 상단에 탁점(濁点)을 붙인다.

が_행	が ga	ぎ gi	ぐ gu	げ ge	ご go
ざ_행	ざ za	じ ji	ず zu	ぜ ze	ぞ zo
だ_행	だ da	ぢ ji	づ zu	で de	ど do
ば_행	ば ba	び bi	ぶ bu	べ be	ぼ bo

· きん(金) 금 → ぎん(銀) 은

· あける(開ける) 열다 → あげる(上げる) 올리다

· さっか(作家) 작가 → ざっか(雑貨) 잡화

· かし(歌詞) 가사 → かじ(家事) 가사

· たんご(単語) 단어 → だんご(団子) 경단

· てんき(天気) 날씨 → でんき(電気) 전기

· はんざい(犯罪) 범죄 → ばんざい(万歳) 만세

· ふた 뚜껑 → ぶた(豚) 돼지

뜻이 달라지니 주의하세요!

탁음 が행

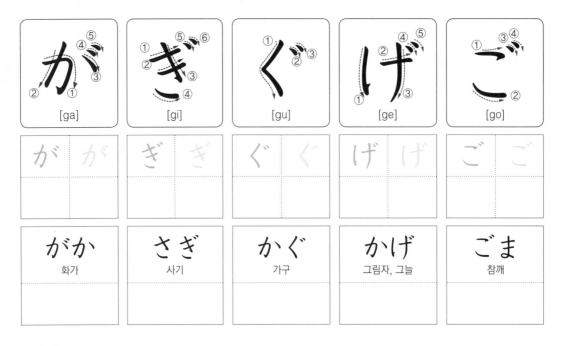

が [ga]	ぎ [gi]	ぐ [gu]	げ [ge]	ご [go]
がか	さぎ	かぐ	かげ	ごま
화가	사기	가구	그림자, 그늘	참깨

ざ행

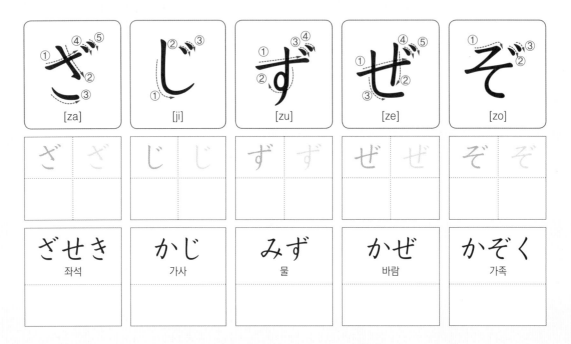

ざ [za]	じ [ji]	ず [zu]	ぜ [ze]	ぞ [zo]
ざせき	かじ	みず	かぜ	かぞく
좌석	가사	물	바람	가족

26

だ행

だ [da]	ぢ [ji]	づ [zu]	で [de]	ど [do]
だいがく 대학	はなぢ 코피	こづつみ 소포	であい 만남	どく 독

ば행

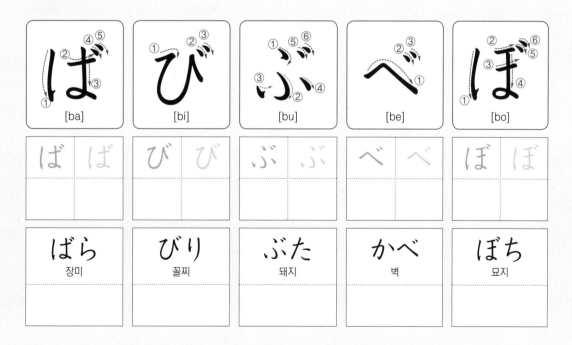

ば [ba]	び [bi]	ぶ [bu]	べ [be]	ぼ [bo]
ばら 장미	びり 꼴찌	ぶた 돼지	かべ 벽	ぼち 묘지

반탁음(半濁音) ^{はんだくおん}

표기는 は행의 오른쪽 상단에 반탁점(半濁点)을 붙인다. ^{はんだくてん}

ぱ행	ぱ pa	ぴ pi	ぷ pu	ぺ pe	ぽ po

- バス 버스 → パス 패스
- ビン 병 → ピン 핀
- ぶち 얼룩(고양이, 개 등) → プチ 프티(작은)
- すべる 미끄러지다 → スペル 스펠링
- ぼろ 누더기(옷) → ポロ 폴로

뜻이 달라지니 주의하세요!

ぱ행

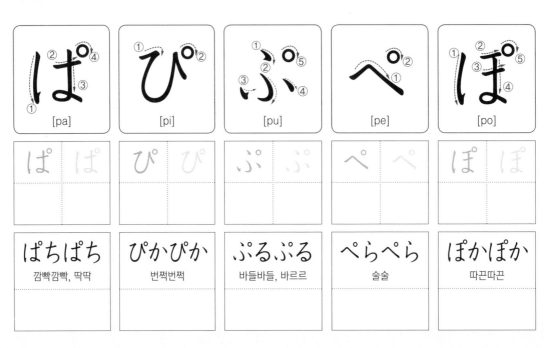

[pa]	[pi]	[pu]	[pe]	[po]
ぱ ぱ	ぴ ぴ	ぷ ぷ	ぺ ぺ	ぽ ぽ
ぱちぱち 깜빡깜빡, 딱딱	ぴかぴか 번쩍번쩍	ぷるぷる 바들바들, 바르르	ぺらぺら 술술	ぽかぽか 따끈따끈

요음(拗音)

 05

い단 자음 뒤에「や」「ゆ」「よ」를 작게 써서 표기한다.

きゃ kya	きゅ kyu	きょ kyo
しゃ sha	しゅ shu	しょ sho
ちゃ cha	ちゅ chu	ちょ cho
にゃ nya	にゅ nyu	にょ nyo
ひゃ hya	ひゅ hyu	ひょ hyo
みゃ mya	みゅ myu	みょ myo
りゃ rya	りゅ ryu	りょ ryo
ぎゃ gya	ぎゅ gyu	ぎょ gyo
じゃ ja	じゅ ju	じょ jo
びゃ bya	びゅ byu	びょ byo
ぴゃ pya	ぴゅ pyu	ぴょ pyo

· きやく(規約) 규약 → きゃく(客) 손님

· じゆう(自由) 자유 → じゅう(十) 십, 열

· びよういん(美容院) 미용실 → びょういん(病院) 병원

뜻이 달라지니
주의하세요!

きゃ [kya]	きゅ [kyu]	きょ [kyo]
きゃ	きゅ	きょ

しゃ [sha]	しゅ [shu]	しょ [sho]
しゃ	しゅ	しょ

ちゃ [cha]	ちゅ [chu]	ちょ [cho]
ちゃ	ちゅ	ちょ

にゃ [nya]	にゅ [nyu]	にょ [nyo]
にゃ	にゅ	にょ

ひゃ [hya]	ひゅ [hyu]	ひょ [hyo]
ひゃ	ひゅ	ひょ

みゃ [mya]	みゅ [myu]	みょ [myo]
みゃ	みゅ	みょ

りゃ [rya]	りゅ [ryu]	りょ [ryo]
りゃ	りゅ	りょ

ぎゃ [gya]	ぎゅ [gyu]	ぎょ [gyo]
ぎゃ	ぎゅ	ぎょ

じゃ [ja]	じゅ [ju]	じょ [jo]
じゃ	じゅ	じょ

びゃ [bya]	びゅ [byu]	びょ [byo]
びゃ	びゅ	びょ

ぴゃ [pya]	ぴゅ [pyu]	ぴょ [pyo]
ぴゃ	ぴゅ	ぴょ

촉음(促音)^{そくおん}

단독으로 쓰이지 않으며, 「つ」「ツ」를 원래 크기보다 작게 써서 나타낸다.

[k]로 발음	さっか(作家) 작가	けっこん(結婚) 결혼
[s]로 발음	ざっし(雑誌) 잡지	けっせき(欠席) 결석
[t]로 발음	おっと(夫) 남편	マッチ 성냥
[p]로 발음	すっぱい 시다	きっぷ 표, 티켓

・ひっこし(引っ越し) 이사

ひ	っ	こ	し

・がっかり 실망하는 모양

が	っ	か	り

・けっせき(欠席) 결석

け	っ	せ	き

・しゅっせき(出席) 출석

し	ゅ	っ	せ	き

・きって(切手) 우표

き	っ	て

・がったい(合体) 합체

が	っ	た	い

・いっぱい 가득

い	っ	ぱ	い

・しっぽ 꼬리

し	っ	ぽ

발음(撥音)

 07

단독으로 쓰이지 않으며, 「ん」을 사용하여 표기한다.

[m]로 발음 : ま·ば·ぱ행 앞	ねんまつ(年末) 연말 しんぶん(新聞) 신문 しんぱい(心配) 걱정
[n]로 발음 : さ·ざ·た·だ·な행 앞	けんさく(検索) 검색 かんじ(漢字) 한자 さんち(産地) 산지 おんど(温度) 온도 おんな(女) 여자
[ŋ]로 발음 : か·が행 앞	ぶんか(文化) 문화 まんが(漫画) 만화
[N]로 발음 : (반)모음 앞, ん으로 끝날 때	れんあい(恋愛) 연애 ほんやく(翻訳) 번역 でんわ(電話) 전화 にほん(日本) 일본

장음(長音)

직전의 모음을 한 박자 길게 발음한다. 가타카나에서는 「一」로 장음 표기를 한다.

あ단 + あ	[a-]	おかあさん(お母さん) 어머니　おばあさん 할머니 バター 버터
い단 + い	[i-]	おじいさん 할아버지　いいえ 아니요 ビール 맥주
う단 + う	[u-]	ふうふ(夫婦) 부부　ぐうぜん(偶然) 우연 クーラー 에어컨
え단 + え	[e-]	ええ 네　おねえさん(お姉さん) 누나, 언니 ケーキ 케이크
え단 + い		せんせい(先生) 선생님　えいが(映画) 영화 エッセイ 에세이, 수필
お단 + お	[o-]	おおさか(大阪) 오사카　とおる(通る) 지나다 コーラ 콜라
お단 + う		とうふ 두부　すもう(相撲) 스모 オウム 앵무새

※ 길게 발음하지 않으면 의미가 달라집니다.

- **おばさん** 아주머니　→　**おばあさん** 할머니
- **おじさん** 아저씨　→　**おじいさん** 할아버지
- **すき**(好き) 좋아함　→　**スキー** 스키

발음에
주의하세요!

기타

は	조사로 사용되는 경우에 한해 [wa]로 발음한다.
	母<small>はは</small>は日本人<small>にほんじん</small>です。 어머니는 일본인입니다.
へ	조사로 사용되는 경우에 한해 [e]로 발음한다.
	学校<small>がっこう</small>へ来<small>き</small>ます。 학교에 옵니다.
を	조사로만 사용한다.
	本<small>ほん</small>を読<small>よ</small>みます。 책을 읽습니다.

3 일본어 발음 가타카나

청음(清音) ア행

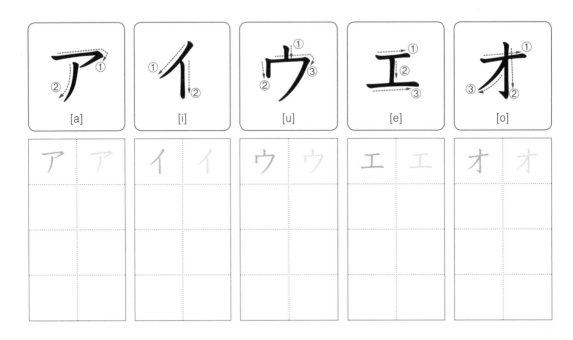

カ행

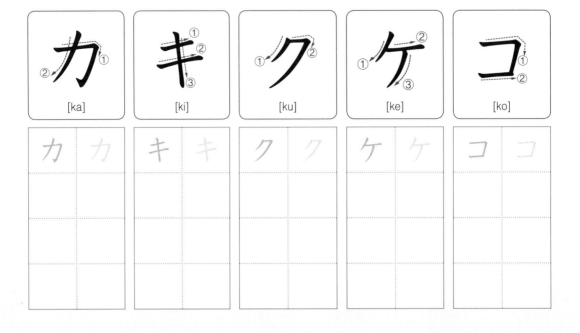

36

サ행

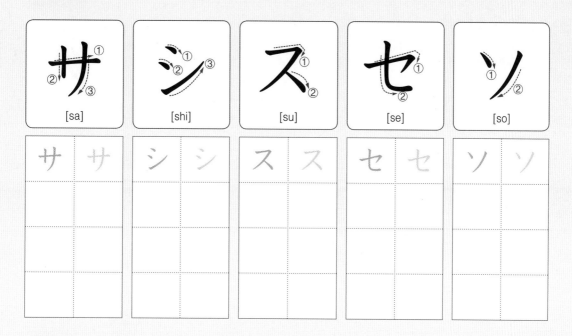

[sa]	[shi]	[su]	[se]	[so]
サ サ	シ シ	ス ス	セ セ	ソ ソ

タ행

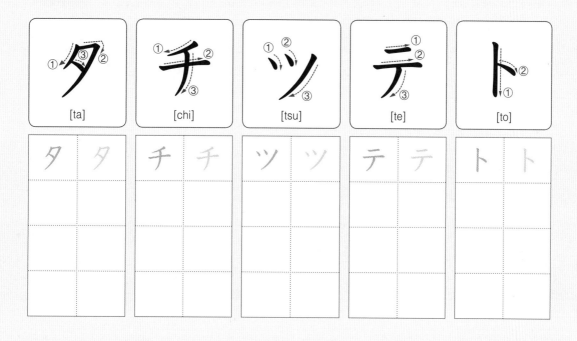

[ta]	[chi]	[tsu]	[te]	[to]
タ タ	チ チ	ツ ツ	テ テ	ト ト

청음 ナ행

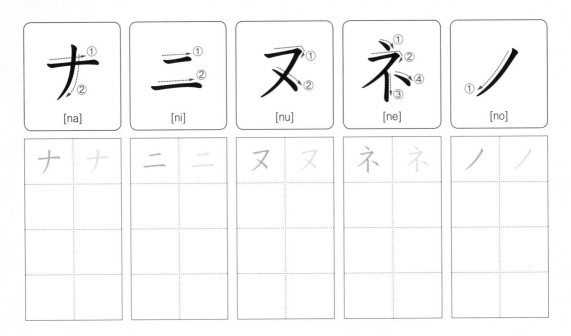

ハ행

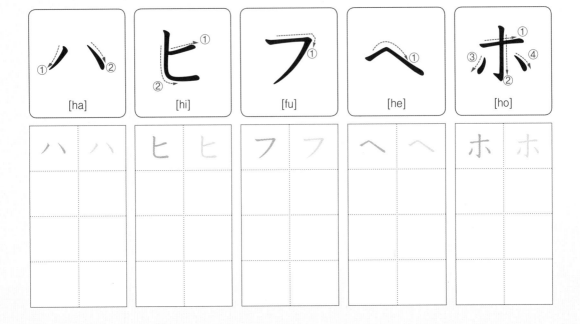

マ행

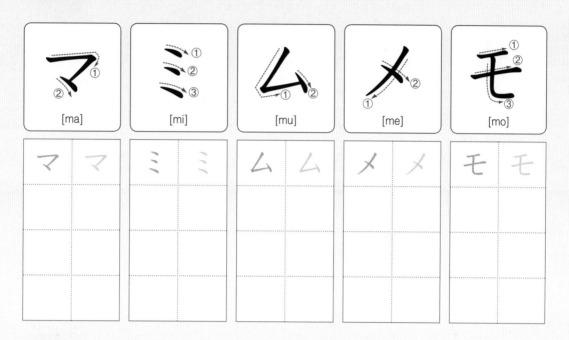

マ [ma]	ミ [mi]	ム [mu]	メ [me]	モ [mo]

ヤ행

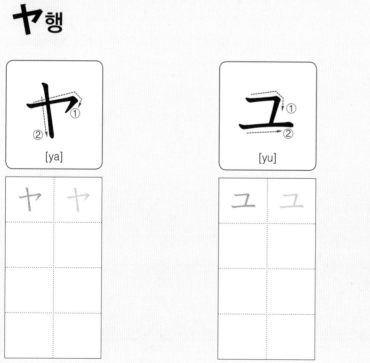

ヤ [ya]	ユ [yu]

ヨ
[yo]

청음 ラ행

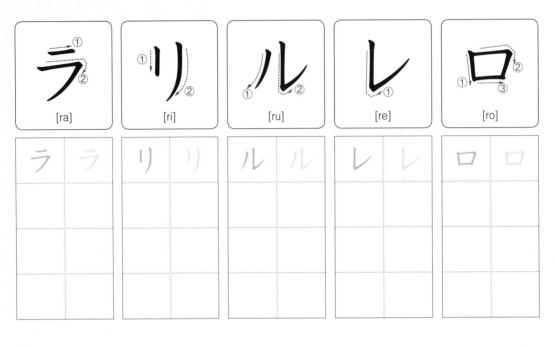

ラ [ra]	リ [ri]	ル [ru]	レ [re]	ロ [ro]

ワ행

[wa]

[wo]

ン

[N]

혼동하기 쉬운 가타카나

탁음(濁音) ガ행

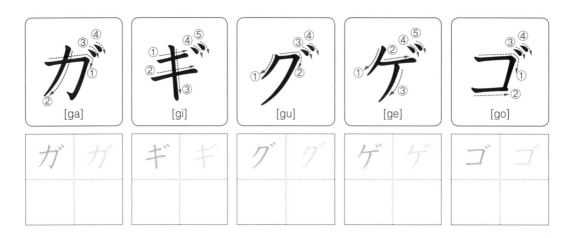

ザ행

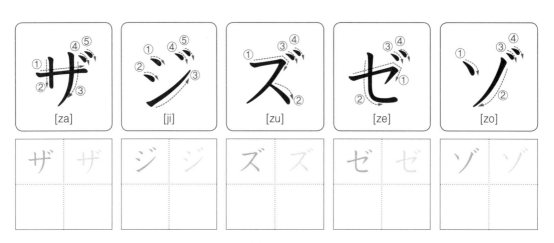

ダ행

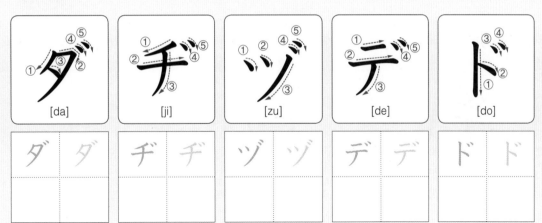

| ダ [da] | ヂ [ji] | ヅ [zu] | デ [de] | ド [do] |

バ행

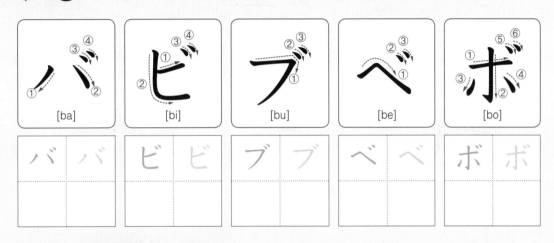

| バ [ba] | ビ [bi] | ブ [bu] | ベ [be] | ボ [bo] |

반탁음(<ruby>半濁音<rt>はんだくおん</rt></ruby>) パ행

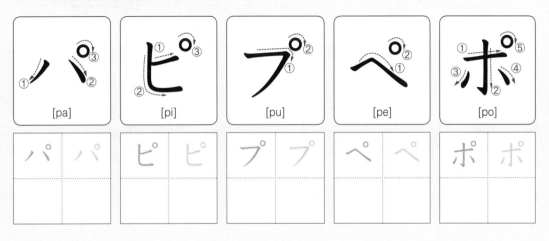

| パ [pa] | ピ [pi] | プ [pu] | ペ [pe] | ポ [po] |

요음(拗音 ようおん)

キャ [kya]	キュ [kyu]	キョ [kyo]
キャ	キュ	キョ

シャ [sha]	シュ [shu]	ショ [sho]
シャ	シュ	ショ

チャ [cha]	チュ [chu]	チョ [cho]
チャ	チュ	チョ

ニャ [nya]	ニュ [nyu]	ニョ [nyo]
ニャ	ニュ	ニョ

ヒャ [hya]	ヒュ [hyu]	ヒョ [hyo]
ヒャ	ヒュ	ヒョ

ミャ [mya]	ミュ [myu]	ミョ [myo]
ミャ	ミュ	ミョ

リャ [rya]	リュ [ryu]	リョ [ryo]
リャ	リュ	リョ

ギャ [gya]	ギュ [gyu]	ギョ [gyo]
ギャ	ギュ	ギョ

ジャ [ja]	ジュ [ju]	ジョ [jo]
ジャ	ジュ	ジョ

ビャ [bya]	ビュ [byu]	ビョ [byo]
ビャ	ビュ	ビョ

ピャ [pya]	ピュ [pyu]	ピョ [pyo]
ピャ	ピュ	ピョ

촉음(促音), 발음(撥音), 장음(長音)

・**カップ** 컵

カ	ッ	プ

・**クリック** 클릭

ク	リ	ッ	ク

・**フランス** 프랑스

フ	ラ	ン	ス

・**ピンク** 핑크

ピ	ン	ク

・**コンサート** 콘서트

コ	ン	サ	ー	ト

・**メッセージ** 메시지

メ	ッ	セ	ー	ジ

・**チョコレート** 초콜릿

チ	ョ	コ	レ	ー	ト

・**ショッピング** 쇼핑

ショ		ッ	ピ	ン	グ

・**コンピューター** 컴퓨터

コ	ン	ピ	ュ	ー	タ	ー

・**ソファー** 소파 ・**パーティー** 파티

・**タトゥー** 문신 ・**カフェラテ** 카페라테

・**フォーク** 포크 ・**ヴァイオリン (バイオリン)** 바이올린

이와 같은
표기도 있어요!

4 인사말

Ⓐ おはようございます。
안녕하세요. (아침)

Ⓑ おはようございます。
안녕하세요. (아침)

Ⓐ こんにちは。
안녕하세요. (낮)

Ⓑ こんにちは。
안녕하세요. (낮)

Ⓐ こんばんは。
안녕하세요. (저녁)

Ⓑ こんばんは。
안녕하세요. (저녁)

Ⓐ さようなら。
안녕히 가세요(계세요).

Ⓑ また来週。
다음 주에 또(봐요).

Ⓐ お休みなさい。
안녕히 주무세요.
(저녁에 헤어질 때도 사용)

Ⓑ お休み。
잘 자.

Ⓐ ありがとうございます。
감사합니다.

Ⓑ いいえ、どういたしまして。
아니요, 별말씀을요.

Ⓐ すみません。
죄송합니다.

Ⓑ 大丈夫です。
괜찮습니다.

Ⓐ いただきます。
잘 먹겠습니다.

Ⓑ ごちそうさまでした。
잘 먹었습니다.

● おめでとうございます。
축하합니다.

● お久しぶりです。
오래간만입니다.

● どうぞ。
자, 어서 드세요.

● 失礼します。
실례합니다.

金ジホ 김지호
キム

- 한국인 남성, 유학생

李ボラ 이보라
イ

- 한국인 여성, 유학생

木村進 기무라 스스무
き むらすすむ

- 일본인 남성, 대학생

田中絵里 다나카 에리
た なか え り

- 일본인 여성, 대학생

01

<ruby>私<rt>わたし</rt></ruby>は<ruby>韓国人<rt>かんこくじん</rt></ruby>です。

학습 목표 자기소개를 할 수 있다.

학습 요점 ❶ 인칭대명사   ❷ 명사 는 명사 です
            ❸ 명사 는 명사 ですか   ❹ 명사 ではありません
            ❺ はい・いいえ   ❻ 조사 は, も
            ❼ 숫자 1~10

학교에서

木村_{きむら}　田中_{たなか}さん、こちらは李_イさんです。

李_イ　はじめまして。私_{わたし}は李ボラです。

　　どうぞよろしくお願_{ねが}いします。

田中_{たなか}　はじめまして。田中絵里_{たなかえり}です。

　　こちらこそ、よろしくお願いします。

李_イ　田中さんは会社員_{かいしゃいん}ですか。

田中_{たなか}　いいえ、私は会社員ではありません。大学生_{だいがくせい}です。

李_イ　あ、そうですか。私も大学生です。何年生_{なんねんせい}ですか。

田中_{たなか}　1年生_{いちねんせい}です。李さんは中国人_{ちゅうごくじん}ですか。

李_イ　いいえ、中国人ではありません。韓国人_{かんこくじん}です。

単어 및 표현

こちら 이쪽 | はじめまして 처음 뵙겠습니다 | 私 わたし 나 | どうぞ 부디, 아무쪼록
よろしくお願ねがいします 잘 부탁합니다 | こちらこそ 이쪽이야말로, 저야말로 | 会社員 かいしゃいん 회사원
大学生 だいがくせい 대학생 | そうですか 그렇습니까? | 何年生 なんねんせい 몇 학년 | 1年生 いちねんせい 1학년
中国人 ちゅうごくじん 중국인 | 韓国人 かんこくじん 한국인

 문형 익히기

1 인칭대명사

1인칭	2인칭	3인칭
私 나, 저	あなた 너, 당신	彼 그 / 彼女 그녀

2 명사 は 명사 です ~은/는 ~입니다

+ 私は会社員です。
+ 田中さんは大学生です。　　　※ **大学生**는 [daigakɯsei]로 발음하기도 합니다.
+ 李さんは韓国人です。

3 명사 は 명사 ですか ~은/는 ~입니까?

+ 李さんは何年生ですか。
+ 先生は日本人ですか。
+ 彼女は会社員ですか。

4 명사 では ありません ~이/가 아닙니다

+ 先生は日本人ではありません。
+ 私は1年生ではありません。
+ 田中さんは会社員ではありません。

단어 및 표현

先生 せんせい 선생님 | 日本人 にほんじん 일본인

5 **はい・いいえ** 예·아니오

♦ A: あなたは韓国人ですか。

  B: はい、私は韓国人です。

    いいえ、私は韓国人ではありません。中国人（ちゅうごくじん）です。

6 **조사 は, も** ~은(는), ~도

♦ 私は学生です。

♦ 彼も学生です。

7 **숫자 1～10**

0	1	2	3	4	5	6	7	8	9	10
れい ゼロ まる	いち	に	さん	よん し よ	ご	ろく	なな しち	はち	きゅう く	じゅう

♦ 田中さんは大学4年生（だいがくよねんせい）です。

♦ 部屋（へや）は809号室（ごうしつ）です。

♦ 電話番号（でんわばんごう）は010-2345-6789です。　　※ 전화번호의 '-'는 'の'로 읽습니다.

단어 및 표현

4年生 よねんせい 4학년 ｜ 部屋 へや 방 ｜ 号室 ごうしつ 호실 ｜ 電話番号 でんわばんごう 전화번호

Ⅰ. 보기와 같이 연습해 보세요.

| 보기 | 私 / 大学生 ➡ 私は大学生です。 |

① ワンさん / 中国人 ➡ _____

② 田中さん / 医者 ➡ _____

③ スミスさん / アメリカ人 ➡ _____

④ 彼 / 会社員 ➡ _____

Ⅱ. 보기와 같이 연습해 보세요.

| 보기 あなた / 3年生 | A: あなたは3年生ですか。
B: はい、3年生です。
　　いいえ、3年生ではありません。 |

① 彼 / 日本人　　A: _____

　　　　　　　　B: はい、_____

　　　　　　　　　　いいえ、_____

② 李さん / 大学院生　A: _____

　　　　　　　　B: はい、_____

　　　　　　　　　　いいえ、_____

③ 田中さん / 銀行員　A: _____

　　　　　　　　B: はい、_____

　　　　　　　　　　いいえ、_____

단어 및 표현

医者 いしゃ 의사 | アメリカ人 じん 미국인 | 3年生 さんねんせい 3학년 | 大学院生 だいがくいんせい 대학원생
銀行員 ぎんこういん 은행원

④ 彼女 / 教師　　　A: _____

　　　　　　　　　　B: はい、_____

　　　　　　　　　　　いいえ、_____

Ⅲ. 보기와 같이 연습해 보세요.

> | 보기 | 李さんも大学生ですか。 | はい、李さんも大学生です。
いいえ、李さんは大学生ではありません。 |

① 田中さんも大学 4 年生ですか。　➡　はい、_____

② 彼女も会社員ですか。　　　　　➡　はい、_____

③ 先生も韓国人ですか。　　　　　➡　いいえ、_____

④ あなたも中国人ですか。　　　　➡　いいえ、_____

Ⅳ. 보기와 같이 연습해 보세요.

> | 보기 | 6年生　➡　ろくねんせい |

① 090-2861-1234　➡　_____

② 405号室　　　　➡　_____

③ 0.3%　　　　　➡　_____

④ 119　　　　　　➡　_____

教師 きょうし 교사 ｜ ・ てん 점 ｜ % パーセント 퍼센트

国家 <small>こっか</small> 국가

イギリス
영국

フランス
프랑스

イタリア
이탈리아

カナダ
캐나다

オランダ
네덜란드

オーストラリア
호주

タイ
태국

モンゴル
몽골

トルコ
터키

インド
인도

ベトナム
베트남

メキシコ
멕시코

ち めい
地名
지명

일본은 北海道, 本州, 四国, 九州 4개의 큰 섬과 약 6,900여 개의 작은 섬들로 이루어져 있다. 행정구역으로는 도도부현(1都, 1道, 2府, 43県)으로 나뉘며, 이는 다시 편의상 北海道, 東北, 関東, 中部, 近畿, 中国, 四国, 九州・沖縄의 8개 지방으로 구분하는데 다음과 같다.

北海道지방

北海道는 本州와 해저 철도 青函터널로 연결되어 있다. 눈 축제로 유명하며 知床는 세계자연유산으로 등록되어 있다.

中部지방

3,000m가 넘는 산들이 이어져 있어 일본의 알프스라고 불린다. 合掌造집락은 세계문화유산으로 등록되어 있다.

中国지방

広島県의 원폭돔과 厳島神社, 島根県의 石見銀山遺跡는 세계문화유산으로 등록되어 있다.

東北지방

자연이 잘 보존되어 있어 관광 자원이 풍부하다. 너도밤나무 원시림이 있는 白神山地는 세계자연유산으로 등록되어 있다.

関東지방

17세기 에도막부 이래 일본의 정치・경제・문화 중심지로 수도 東京를 포함하고 있다. 日光의 신사와 사찰은 세계문화유산으로 등록되어 있다.

近畿지방

京都에는 신사나 사찰 등의 문화재가 많이 남아 있다. 일찍이 상인 문화가 발달한 大阪는 상인들의 활기가 넘치는 곳이다.

九州・沖縄지방

九州에는 유명한 온천과 화산이 많다. 한반도, 동남아시아와 가까워 외래문화의 영향을 많이 받은 지역이다. 沖縄는 아열대 기후 지역으로 특히 자연 경관이 아름답다.

四国지방

本州와는 瀬戸大橋로 연결되어 있다. 농업과 어업이 발달했고 연안지방에는 공업지대가 있다.

홋카이도

도호쿠

주부

간토

주고쿠

긴키

시코쿠

규슈

02

これは
日本の雑誌です。

학습 목표   주변 사물에 대해 묻고 답할 수 있다.

학습 요점   ❶ 지시대명사 こ・そ・あ・ど   ❷ 조사 の
                ❸ 조사 が   ❹ 소유대명사 の
                ❺ 의문사   ❻ 숫자 10~100,000
                ❼ 가격 묻고 답하기

회화

🔊 13

교실에서

金 すみません。それは何ですか。

田中 これですか。これは日本の雑誌です。

金 あれは何ですか。

田中 あれは日本語の本です。

金 あの日本語の本は誰のですか。

田中 あれは木村さんのです。

金 このボールペンも木村さんのですか。

田中 いいえ、そのボールペンは木村さんのではありません。

金 田中さんのはどれですか。

田中 これが私のです。

단어 및 표현

雑誌 ざっし 잡지 | 日本語 にほんご 일본어 | 本 ほん 책 | 誰 だれ 누구 | ボールペン 볼펜

02 これは日本の雑誌です。 59

1 지시대명사 こ・そ・あ・ど

	こ	そ	あ	ど
명사 수식	この 이	その 그	あの 저	どの 어느
사물	これ 이것	それ 그것	あれ 저것	どれ 어느 것
장소	ここ 여기	そこ 거기	あそこ 저기	どこ 어디
방향	こちら 이쪽	そちら 그쪽	あちら 저쪽	どちら 어느 쪽

◆ あの 人_{ひと}は先生です。

◆ これはめがねです。

◆ それは雑誌ではありません。

◆ 学校_{がっこう}はこちらです。

◆ A: トイレはどこですか。

　B: トイレはあそこです。

◆ A: 田中さんの古里_{ふるさと}はどちらですか。
　B: 京都_{きょうと}です。

단어 및 표현

人 ひと 사람 | めがね 안경 | 学校 がっこう 학교 | トイレ 화장실 | 古里 ふるさと 고향 | 京都 きょうと 교토(지명)

2 조사 の ~의

◆ これは私のめがねです。

◆ それは日本のお酒です。

◆ あれは誰のボールペンですか。

3 조사 が ~이/가

◆ 彼女が大学生です。

◆ ここが私の大学です。

◆ こちらが田中さんです。

4 소유대명사 の ~의 것

◆ この本は田中さんのです。

◆ そのめがねは先生のではありません。

◆ A: あの靴はあなたのですか。

　B: いいえ、私のではありません。私のはこれです。

단어 및 표현

お酒 さけ 술 | 靴 くつ 신발, 구두

5 의문사

<ruby>何<rt>なに / なん</rt></ruby>	<ruby>誰<rt>だれ</rt></ruby>	いつ	どこ	どう
무엇	누구	언제	어디	어떻게

◆ これは<ruby>何<rt>なん</rt></ruby>ですか。

◆ このかばんは<ruby>誰<rt>だれ</rt></ruby>のですか。

◆ テストはいつですか。

◆ どこが<ruby>日本語<rt></rt></ruby>の<ruby>教室<rt>きょうしつ</rt></ruby>ですか。

◆ この<ruby>本<rt></rt></ruby>はどうですか。

6 숫자 10～100,000

10	100	1,000	10,000
じゅう	ひゃく	せん	いちまん
20	200	2,000	20,000
にじゅう	にひゃく	にせん	にまん
30	300	3,000	30,000
さんじゅう	さんびゃく	さんぜん	さんまん
40	400	4,000	40,000
よんじゅう	よんひゃく	よんせん	よんまん
50	500	5,000	50,000
ごじゅう	ごひゃく	ごせん	ごまん
60	600	6,000	60,000
ろくじゅう	ろっぴゃく	ろくせん	ろくまん
70	700	7,000	70,000
ななじゅう	ななひゃく	ななせん	ななまん
80	800	8,000	80,000
はちじゅう	はっぴゃく	はっせん	はちまん
90	900	9,000	90,000
きゅうじゅう	きゅうひゃく	きゅうせん	きゅうまん
			100,000
			じゅうまん

7 가격 묻고 답하기

◆ A: これはいくらですか。

B: それは5,000円です。

◆ A: キムチはいくらですか。

B: キムチは13,500ウォンです。

단어 및 표현

いくら 얼마 | 円 えん 엔 | キムチ 김치 | ウォン 원

연습하기

Ⅰ. 보기와 같이 연습해 보세요.

보기	これ / かばん	A: これは何ですか。 B: それはかばんです。

① これ / 鉛筆　　A: _____

　　　　　　　　 B: _____

② それ / 時計　　A: _____

　　　　　　　　 B: _____

③ あれ / 靴　　　A: _____

　　　　　　　　 B: _____

④ これ / めがね　A: _____

　　　　　　　　 B: _____

Ⅱ. 보기와 같이 연습해 보세요.

보기	先生	A: これは誰の本ですか。 B: それは先生の本です。

① 私　　　　A: これは誰の鉛筆ですか。

　　　　　　 B: _____

② 友達　　　A: それは誰のケータイですか。

　　　　　　 B: _____

단어 및 표현

鉛筆 えんぴつ 연필 | 時計 とけい 시계 | 友達 ともだち 친구 | ケータイ 휴대전화

③ 田中さん　　A: あれは誰の傘ですか。

　　　　　　　B: _____

④ 木村さん　　A: これは誰の車ですか。

　　　　　　　B: _____

Ⅲ. 보기와 같이 연습해 보세요.

| 보기 | このかばんは
木村さんのですか。 | はい、そのかばんは木村さんのです。
いいえ、そのかばんは木村さんのではありません。 |

① この鉛筆は田中さんのですか。　→　はい、_____

② あの車は先生のですか。　　　　→　いいえ、_____

③ そのめがねは李さんのですか。　→　はい、_____

④ このケータイは金さんのですか。→　いいえ、_____

Ⅳ. 보기와 같이 연습해 보세요.

| 보기 | 250円　→　にひゃくごじゅう円 |

① 875円　　　　　→　_____円

② 1,329ドル　　　→　_____ドル

③ 18,643ウォン　→　_____ウォン

④ 33,767元　　　→　_____元

단어 및 표현

傘 かさ 우산 | 車 くるま 자동차 | ドル 달러 | 元 げん 위안

<ruby>文房具<rt>ぶんぼう ぐ</rt></ruby> 문방구

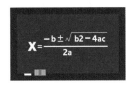

<ruby>黒板<rt>こくばん</rt></ruby>
칠판

<ruby>黒板消し<rt>こくばん け</rt></ruby>
칠판 지우개

チョーク
분필

<ruby>筆箱<rt>ふでばこ</rt></ruby>
필통

シャープペンシル
(シャーペン)
샤프펜

<ruby>消しゴム<rt>け</rt></ruby>
지우개

<ruby>蛍光ペン<rt>けいこう</rt></ruby>
형광펜

<ruby>修正テープ<rt>しゅうせい</rt></ruby>
수정 테이프

<ruby>定規<rt>じょう ぎ</rt></ruby>
자

はさみ
가위

ホッチキス
스테이플러

カッターナイフ
(カッター)
문구용 칼

横書きと縦書き
よこ が　　　たて が
가로쓰기와 세로쓰기

　일본에서는 문장을 가로로 쓰면 横書き, 세로로 쓰면 縦書き라고 한다. 예로부터 縦書き를 사용해 왔지만, 메이지 시대에 외국 서적이 들어오면서 외국어 표기에 어려움이 많아 横書き가 시도되었다. 현재는 横書き와 縦書き를 병용하고는 있지만 공문서, 신문, 서예, 문예, 국어 교과서 등에서는 縦書き를 주로 사용한다.

　横書き와 縦書き에 따라 한자의 독음 위치도 달라진다. 横書き는 한자의 독음을 한자 위에 단다. 한편 縦書き는 독음을 한자 오른쪽에 달고, 밑줄도 문장의 오른쪽에 긋는다.

	가로쓰기	세로쓰기
글자 쓰는 방향	吾輩は猫である。名前はまだ無い。どこで生まれたかとんと見当がつかぬ。何でも薄暗いじめじめした所でニャーニャー泣いていた事だけは記憶している。 『吾輩は猫である』より	吾輩は猫である。名前はまだ無い。どこで生まれたかとんと見当がつかぬ。何でも薄暗いじめじめした所でニャーニャー泣いていた事だけは記憶している。 『吾輩は猫である』より
한자의 독음	日本語（にほんご）	日本語（にほんご）
밑줄	日本語（にほんご）	日本語（にほんご）

03

今日は暖かいですね。

학습 목표 일본어의 형용사를 이해한다.
사람이나 사물의 상태에 대해 설명할 수 있다.

학습 요점 ❶ い형용사 です ❷ い형용사 어간 くありません
❸ い형용사 어간 くて ❹ い형용사 명사 수식
❺ 접속조사 が

学校에서

キム
金 　田中さん、こんにちは。

たなか
田中 　あ、金さん、こんにちは。

キム
金 　今日は暖かいですね。

たなか
田中 　そうですね。暖かくて気持ちがいいですね。

　　　日本語の授業はどうですか。

キム
金 　おもしろいですが、難しいです。

　　　日本文学の授業も難しいですか。

たなか
田中 　いいえ、あまり難しくありません。

　　　大学生活はどうですか。

キム
金 　とても楽しいです。

단어 및 표현

今日 きょう 오늘 ｜ 暖 あたたかい 따뜻하다 ｜ 〜ね ~네요, 군요 [감탄·확인] ｜ そうですね 그렇네요
気持 きもち 기분 ｜ いい(＝よい) 좋다 ｜ 授業 じゅぎょう 수업 ｜ 難 むずかしい 어렵다 ｜ おもしろい 재미있다
文学 ぶんがく 문학 ｜ あまり 별로 ｜ 生活 せいかつ 생활 ｜ とても 매우 ｜ 楽 たのしい 즐겁다

 문형 익히기

1 い형용사 です ~ㅂ/습니다

　　◆ 大学は広いです。

　　◆ 授業は難しいです。

　　◆ 今日はとても暖かいです。

2 い형용사 어간 く ありません (＝く ないです) ~지 않습니다

　　◆ 私の部屋は広くありません。

　　　　　　(＝広くないです。)

　　◆ 明日は寒くありませんか。

　　　　　　(＝寒くないですか。)

　　주의! 天気はあまりよくありません。

　　　　　　(＝よくないです。)

3 い형용사 어간 くて

1) ~고 (병렬)

　　◆ 学食が安くておいしいです。

　　◆ 彼は頭がよくてかっこいいです。

70

2) ~아/어서 (원인 · 이유)

- 学食は安くていいです。
- 私の部屋は狭くてよくありません。

4 い형용사 명사 수식 ~ㄴ/은

- いい天気ですね。
- これはとても古い建物です。
- 私のは赤いかばんです。

5 접속조사 が ~지만(역접)

- このレストランはおいしいですが、値段が高いです。
- 天気はいいですが、風が強いです。
- あの犬は頭はよくありませんが、とてもかわいいです。

Ⅰ. 보기와 같이 연습해 보세요.

보기	寒いですか。	はい、寒いです。 いいえ、寒くありません。（＝寒くないです。）

① 日本語は難しいですか。　　→　　はい、＿＿＿＿＿＿＿＿＿＿＿

② 学校は楽しいですか。　　　→　　はい、＿＿＿＿＿＿＿＿＿＿＿

③ 今日は忙しいですか。　　　　いいえ、＿＿＿＿＿＿＿＿＿＿＿
　　　　いそが

④ 明日の天気はいいですか。　→　　いいえ、＿＿＿＿＿＿＿＿＿＿＿

Ⅱ. 보기와 같이 연습해 보세요.

보기	建物 / とても / 古い　→　この建物はとても古いです。 建物 / あまり / 古い　→　この建物はあまり古くありません。 （＝古くないです。）

① 時計 / とても / 安い　　　　→　＿＿＿＿＿＿＿＿＿＿＿＿＿＿＿

② 傘 / とても / 大きい　　　　→　＿＿＿＿＿＿＿＿＿＿＿＿＿＿＿

③ コーヒー / あまり / おいしい　→　＿＿＿＿＿＿＿＿＿＿＿＿＿＿＿

④ かばん / あまり / かわいい　→　＿＿＿＿＿＿＿＿＿＿＿＿＿＿＿

단어 및 표현

忙いそがしい 바쁘다 ｜ コーヒー 커피

Ⅲ. 보기와 같이 연습해 보세요.

> 보기　私のかばん / 赤い / 大^{おお}きい　⇒　私のかばんは赤くて大きいです。

① 日本語 / 漢字^{かんじ}が多^{おお}い / 難しい　⇒ _____

② このピアス / 小^{ちい}さい / かわいい　⇒ _____

③ 李さん / かっこいい / 背^せが高^{たか}い　⇒ _____

④ 友達の部屋 / 広い / いい　⇒ _____

Ⅳ. 아래의 문장을 일본어로 쓰세요.

① 김 씨는 상냥한 사람입니다.

⇒ _____

② 파랗고 긴 우산은 제 것입니다.

⇒ _____

③ 이 시계는 비싸지 않습니다.

⇒ _____

④ 이 책은 어렵지만 재미있습니다.

⇒ _____

단어 및 표현

大おおきい 크다 | 漢字 かんじ 한자 | 多おおい 많다 | ピアス 피어스 | 小ちいさい 작다
背せが高たかい 키가 크다 | 優やさしい 상냥하다 | 青あおい 파랗다 | 長ながい 길다

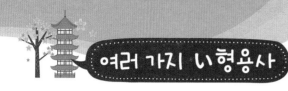 여러 가지 い형용사

 19

<ruby>明<rt>あか</rt></ruby>るい 밝다	<ruby>暖<rt>あたた</rt></ruby>かい 따뜻하다	<ruby>遅<rt>おそ</rt></ruby>い 늦다	<ruby>遠<rt>とお</rt></ruby>い 멀다	おもしろい 재미있다
<ruby>暗<rt>くら</rt></ruby>い 어둡다	<ruby>涼<rt>すず</rt></ruby>しい 시원하다	<ruby>早<rt>はや</rt></ruby>い 이르다	<ruby>近<rt>ちか</rt></ruby>い 가깝다	<ruby>楽<rt>たの</rt></ruby>しい 즐겁다
<ruby>新<rt>あたら</rt></ruby>しい 새롭다	いい(よい) 좋다	<ruby>速<rt>はや</rt></ruby>い 빠르다	<ruby>太<rt>ふと</rt></ruby>い 굵다	<ruby>危<rt>あぶ</rt></ruby>ない 위험하다
<ruby>古<rt>ふる</rt></ruby>い 오래되다	<ruby>悪<rt>わる</rt></ruby>い 나쁘다	<ruby>高<rt>たか</rt></ruby>い 높다, 비싸다	<ruby>細<rt>ほそ</rt></ruby>い 가늘다	うるさい 시끄럽다
<ruby>甘<rt>あま</rt></ruby>い 달다	おいしい 맛있다	<ruby>低<rt>ひく</rt></ruby>い 낮다	<ruby>難<rt>むずか</rt></ruby>しい 어렵다	かわいい 귀엽다
<ruby>辛<rt>から</rt></ruby>い 맵다	まずい 맛없다	<ruby>安<rt>やす</rt></ruby>い 싸다	<ruby>易<rt>やさ</rt></ruby>しい 쉽다	かっこいい 멋있다
<ruby>暑<rt>あつ</rt></ruby>い 덥다	<ruby>多<rt>おお</rt></ruby>い 많다	<ruby>長<rt>なが</rt></ruby>い 길다	<ruby>忙<rt>いそが</rt></ruby>しい 바쁘다	<ruby>優<rt>やさ</rt></ruby>しい 상냥하다
<ruby>寒<rt>さむ</rt></ruby>い 춥다	<ruby>少<rt>すく</rt></ruby>ない 적다	<ruby>短<rt>みじか</rt></ruby>い 짧다	<ruby>痛<rt>いた</rt></ruby>い 아프다	<ruby>青<rt>あお</rt></ruby>い 파랗다
<ruby>熱<rt>あつ</rt></ruby>い 뜨겁다	<ruby>大<rt>おお</rt></ruby>きい 크다	<ruby>広<rt>ひろ</rt></ruby>い 넓다	<ruby>嬉<rt>うれ</rt></ruby>しい 기쁘다	<ruby>赤<rt>あか</rt></ruby>い 빨갛다
<ruby>冷<rt>つめ</rt></ruby>たい 차갑다	<ruby>小<rt>ちい</rt></ruby>さい 작다	<ruby>狭<rt>せま</rt></ruby>い 좁다	<ruby>汚<rt>きたな</rt></ruby>い 더럽다	<ruby>黒<rt>くろ</rt></ruby>い 검다
<ruby>厚<rt>あつ</rt></ruby>い 두껍다	<ruby>重<rt>おも</rt></ruby>い 무겁다	<ruby>強<rt>つよ</rt></ruby>い 강하다	<ruby>若<rt>わか</rt></ruby>い 젊다	<ruby>白<rt>しろ</rt></ruby>い 희다
<ruby>薄<rt>うす</rt></ruby>い 얇다	<ruby>軽<rt>かる</rt></ruby>い 가볍다	<ruby>弱<rt>よわ</rt></ruby>い 약하다	<ruby>丸<rt>まる</rt></ruby>い 둥글다	<ruby>黄色<rt>きいろ</rt></ruby>い 노랗다

^{あか}明るい				
밝다	따뜻하다	늦다	멀다	재미있다
어둡다	시원하다	이르다	가깝다	즐겁다
새롭다	좋다	빠르다	굵다	위험하다
오래되다	나쁘다	높다, 비싸다	가늘다	시끄럽다
달다	맛있다	낮다	어렵다	귀엽다
맵다	맛없다	싸다	쉽다	멋있다
덥다	많다	길다	바쁘다	상냥하다
춥다	적다	짧다	아프다	파랗다
뜨겁다	크다	넓다	기쁘다	빨갛다
차갑다	작다	좁다	더럽다	검다
두껍다	무겁다	강하다	젊다	희다
얇다	가볍다	약하다	둥글다	노랗다

🔊 20

季節と天気 <ruby>季節<rt>きせつ</rt></ruby>と<ruby>天気<rt>てんき</rt></ruby> 계절과 날씨

<ruby>春<rt>はる</rt></ruby>・<ruby>夏<rt>なつ</rt></ruby>・<ruby>秋<rt>あき</rt></ruby>・<ruby>冬<rt>ふゆ</rt></ruby>
봄・여름・가을・겨울

<ruby>晴<rt>は</rt></ruby>れ
맑음

<ruby>曇<rt>くも</rt></ruby>り
흐림

<ruby>雨<rt>あめ</rt></ruby>
비

<ruby>雪<rt>ゆき</rt></ruby>
눈

<ruby>雷<rt>かみなり</rt></ruby>
번개

にわか<ruby>雨<rt>あめ</rt></ruby> / <ruby>夕立<rt>ゆうだち</rt></ruby>
소나기

<ruby>台風<rt>たいふう</rt></ruby>
태풍

<ruby>梅雨<rt>つゆ</rt></ruby>
장마

<ruby>異常気象<rt>いじょうきしょう</rt></ruby>
이상 기상 / 이상 기후

<ruby>PM2.5<rt>ピーエム</rt></ruby>
초미세먼지

<ruby>黄砂<rt>こうさ</rt></ruby>
황사

あめ
雨
비

비가 자주 내리는 일본에서는 비에 관한 표현이 많다. 계절마다 비를 가리키는 말이 다르고, 비가 내리는 시간이나 모양에 따라 다양한 표현이 사용된다. 예를 들어 장마는 음력 5월에 내리기 때문에 五月雨(さみだれ)라고 한다. 하지만 양력을 사용하는 현재는 五月雨 대신 梅雨(つゆ)를 더 많이 쓴다. 梅雨는 '매실이 무르익은 시기에 내리는 비'라는 뜻이다. 소나기는 보통 にわか雨(あめ)라고 하는데 여름 오후에 세차게 내리는 소나기는 夕立(ゆうだち)라고 한다.

그리고 비가 내리는 모양에 따라 しとしと(부슬부슬), ぽつぽつ(뚝뚝), ぱらぱら(후드득후드득), ざあざあ(좍좍)라는 표현을 자주 사용한다. 비와 관련된 표현뿐만 아니라 날씨가 좋기를 바라는 의미에서 てるてるぼうず라는 인형을 처마 끝에 매달아 두는 풍습도 있다. 특히 てるてるぼうず는 어린이들이 소풍이나 운동회와 같은 야외 행사가 있을 때 만든다.

04

<ruby>私<rt>わたし</rt></ruby>の<ruby>友達<rt>ともだち</rt></ruby>は
<ruby>料理<rt>りょうり</rt></ruby>が<ruby>上手<rt>じょうず</rt></ruby>です。

학습 목표　사람이나 사물의 상태에 대해 설명할 수 있다.

학습 요점　❶ な형용사 어간 です　　❷ な형용사 어간 ではありません
❸ な형용사 어간 で　　❹ な형용사 명사 수식
❺ ～が<ruby>好<rt>す</rt></ruby>きだ, <ruby>嫌<rt>きら</rt></ruby>いだ, <ruby>上手<rt>じょうず</rt></ruby>だ, <ruby>下手<rt>へた</rt></ruby>だ

회화 🔊 21

학교에서

田中　金さん、これは誰の写真ですか。

金　これは私の友達の写真です。

田中　とてもきれいな方ですね。

金　はい。彼女はきれいで料理も上手です。

田中　へえ、そうですか。金さんも料理が上手ですか。

金　いいえ、あまり上手ではありません。

田中　では、好きな料理は何ですか。

金　私はうどんが好きです。田中さんは。

田中　私はビビンバが大好きです。

단어 및 표현

写真 しゃしん 사진 | きれいだ 예쁘다, 깨끗하다 | 方 かた 분 | 料理 りょうり 요리

上手 じょうずだ 능숙하다, 잘하다 | では 그러면 | 好 すきだ 좋아하다 | うどん 우동 | ビビンバ 비빔밥

大好 だいすきだ 아주 좋아하다

1 な형용사 어간 です ~ㅂ/습니다

➡ 教室は静かです。

➡ 先生は親切です。

➡ 部屋はきれいです。

2 な형용사 어간 では ありません(= では ないです) ~지 않습니다

➡ 教室は静かではありません。

　　(=静かではないです。)

➡ 中村さんはまじめではありません。

　　　(=まじめではないです。)

➡ 仕事は大変ではありません。

　　(=大変ではないです。)

3 な형용사 어간 で

1) ~고 (병렬)

➡ この町はきれいで静かです。

➡ 木村さんは親切でかっこいいです。

💬 단어 및 표현

教室 きょうしつ 교실 | 静 しずかだ 조용하다 | 親切 しんせつだ 친절하다 | 仕事 しごと 일
大変 たいへんだ 힘들다 | 町 まち 동네, 마을

2) ~아/어서 (원인 · 이유)

- 数学は複雑で嫌いです。
- 私は料理が下手で心配です。

4 な形容詞 名詞 修飾 ~ㄴ/은

- ソウルはにぎやかなところです。
- ここは一番有名な大学です。
- 好きな小説は何ですか。

5 〜が 好きだ, 嫌いだ, 上手だ, 下手だ ~을/를 좋아하다, 싫어하다, 잘하다, 잘 못하다

- 私はサッカーが下手です。
- どんな音楽が好きですか。
- 日本語は上手ですが、英語は下手です。

단어 및 표현

数学 すうがく 수학 ┃ 複雑 ふくざつだ 복잡하다 ┃ 嫌 きらいだ 싫어하다 ┃ 下手 へただ 서툴다, 잘 못하다
心配 しんぱいだ 걱정이다 ┃ ソウル 서울 ┃ にぎやかだ 변화하다, 북적이다 ┃ ところ 장소, 곳 ┃ 一番 いちばん 가장
有名 ゆうめいだ 유명하다 ┃ 小説 しょうせつ 소설 ┃ サッカー 축구 ┃ 音楽 おんがく 음악 ┃ 英語 えいご 영어

04 私の友達は料理が上手です。 **81**

Ⅰ. 보기와 같이 연습해 보세요.

보기 教室は静かですか。	はい、静かです。 いいえ、静かではありません。 (＝静かではないです。)

① この本は有名ですか。　　　　➡　　はい、＿＿＿＿＿＿＿＿＿＿＿

② あなたの友達は親切ですか。　➡　　はい、＿＿＿＿＿＿＿＿＿＿＿

③ 仕事は大変ですか。　　　　　➡　　いいえ、＿＿＿＿＿＿＿＿＿＿

④ 今日は暇ですか。　　　　　　➡　　いいえ、＿＿＿＿＿＿＿＿＿＿

Ⅱ. 보기와 같이 연습해 보세요.

보기 　私 / コーヒー / 好きだ　➡　私はコーヒーが好きです。

① 私 / 英語 / 大好きだ　　　　➡　＿＿＿＿＿＿＿＿＿＿＿＿＿

② 中村さん / お酒 / 嫌いだ　　➡　＿＿＿＿＿＿＿＿＿＿＿＿＿

③ 私の友達 / 日本語 / 上手だ　➡　＿＿＿＿＿＿＿＿＿＿＿＿＿

④ 母 / 料理 / 下手だ　　　　　➡　＿＿＿＿＿＿＿＿＿＿＿＿＿

단어 및 표현

あなた 너, 당신 ｜ 暇ひまだ 한가하다 ｜ 母 はは 엄마

Ⅲ. 보기와 같이 연습해 보세요.

| 보기 | 人 / 親切だ | A: どんな人ですか。
B: 親切な人です。 |

① 学生 / まじめだ　A: _____

B: _____

② 店(みせ) / すてきだ　A: _____

B: _____

③ ところ / 静かだ　A: _____

B: _____

④ 町 / 交通(こうつう)が不便(ふべん)だ　A: _____

B: _____

Ⅳ. 보기와 같이 연습해 보세요.

| 보기 | 先生 / 親切だ / まじめだ　→　先生は親切でまじめです。
彼 / ハンサムだ / おもしろい　→　彼はハンサムでおもしろいです。 |

① この仕事 / 暇だ / 楽(らく)だ　→　_____
② 沖縄(おきなわ) / 海(うみ)がきれいだ / 有名だ　→　_____
③ 中村さん / 元気(げんき)だ / 明(あか)るい　→　_____
④ 地下鉄(ちかてつ) / 便利(べんり)だ / いい　→　_____

단어 및 표현

どんな 어떤 | 交通 こうつう 교통 | 不便 ふべんだ 불편하다 | まじめだ 성실하다 | ハンサムだ 잘생기다
楽らくだ 편하다 | 沖縄 おきなわ 오키나와(지명) | 海 うみ 바다 | 元気げんきだ 건강하다 | 明あかるい 밝다
地下鉄 ちかてつ 지하철 | 便利 べんりだ 편리하다

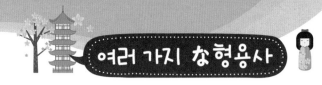 여러 가지 な형용사

じょうず 上手だ 능숙하다	かんたん 簡単だ 간단하다	しんせつ 親切だ 친절하다	ゆうめい 有名だ 유명하다
へた 下手だ 서툴다	ふくざつ 複雑だ 복잡하다	ハンサムだ 잘생기다	たいせつ 大切だ 소중하다
す 好きだ 좋아하다	にぎやかだ 번화하다, 북적이다	きれいだ 예쁘다, 깨끗하다	だいじ 大事だ 중요하다
きら 嫌いだ 싫어하다	しず 静かだ 조용하다	すてきだ 근사하다	たいへん 大変だ 큰일이다, 힘들다
べんり 便利だ 편리하다	だいじょうぶ 大丈夫だ 괜찮다	げんき 元気だ 건강하다	ひつよう 必要だ 필요하다
らく 楽だ 편하다	しんぱい 心配だ 걱정이다	まじめだ 성실하다	ひま 暇だ 한가하다
ふ べん 不便だ 불편하다	き けん 危険だ 위험하다	じょうぶ 丈夫だ 튼튼하다	おな ＊同じだ 같다

＊同じ学校 같은 학교　同じクラス 같은 클래스

84

쓰면서 익혀요

じょうず 上手だ			
능숙하다	간단하다	친절하다	유명하다
서툴다	복잡하다	잘생기다	소중하다
좋아하다	번화하다, 북적이다	예쁘다, 깨끗하다	중요하다
싫어하다	조용하다	근사하다	큰일이다, 힘들다
편리하다	괜찮다	건강하다	필요하다
편하다	걱정이다	성실하다	한가하다
불편하다	위험하다	튼튼하다	같다

家族 <small>か ぞく</small> 가족

家族 <small>か ぞく</small> 우리 가족	ご家族 <small>か ぞく</small> 남의 가족

할아버지

할머니

祖父 <small>そ ふ</small>

お祖父さん <small>じ い</small>

祖母 <small>そ ぼ</small>

お祖母さん <small>ば あ</small>

아버지

어머니

父 <small>ち ち</small>

お父さん <small>と う</small>

母 <small>は は</small>

お母さん <small>か あ</small>

형/오빠	언니/누나	나	남동생	여동생

兄 <small>あに</small>	姉 <small>あね</small>	私 <small>わたし</small>	弟 <small>おとうと</small>	妹 <small>いもうと</small>
お兄さん <small>にい</small>	お姉さん <small>ねえ</small>		弟 さん <small>おとうと</small>	妹 さん <small>いもうと</small>

부모의 남자 형제	부모의 여자 형제	사촌	남편	아내
おじ	おば	いとこ	夫 <small>おっと</small>	妻 <small>つま</small>
おじさん	おばさん	いとこさん	ご主人 <small>しゅじん</small>	奥さん <small>おく</small>

ウチとソト

우리와 남

일본어에는 ウチ와 ソト라는 단어가 있다. ウチ는 말하는 이가 속한 집단을, ソト는 이외의 집단(남)을 의미한다. 일본어에서는 종종 지시 대상이 ウチ에 속하는지 ソト에 속하는지에 따라 사용하는 표현이 달라지므로 주의가 필요하다.

예를 들어 '아버지'라는 단어라도 타인에게 자신의 아버지에 대해 이야기할 때는 父라 하고, 타인의 아버지에 대해 이야기할 때는 お父さん이라고 한다. '어머니'의 경우도 마찬가지로 자신의 어머니는 母, 타인의 어머니는 お母さん이라고 한다.

단, 자신의 부모를 직접 부를 때는 お父さん, お母さん을 사용한다.

05

いちごケーキとバナナケーキとどちらが好きですか。

학습 목표   형용사의 과거형을 이해한다.

비교 표현을 할 수 있다.

학습 요점   ❶ 형용사 과거형   ❷ 비교 표현

회화

🔊 25

카페에서

(케이크를 고르면서)

田中　李さん、いちごケーキとバナナケーキとどちらが好きですか。

李　バナナケーキよりいちごケーキの方が好きです。

田中　私もです。いちごケーキと一緒に紅茶はどうですか。

李　いいですね。

(케이크를 먹은 후)

田中　ケーキはどうでしたか。

李　とてもおいしかったです。

　　この店はおいしくて値段も高くありませんね。

田中　そうですね。

　　それにケーキの種類も多くて、私はこの町のカフェの中で、

　　ここが一番好きです。

단어 및 표현

いちご 딸기 | ケーキ 케이크 | バナナ 바나나 | どちら 어느 쪽 | ～より ~보다 | ～方 ほう ~쪽
～と ~와/과 | 一緒 いっしょに 함께 | 紅茶 こうちゃ 홍차 | 店 みせ 가게 | 値段 ねだん 가격 | それに 게다가
種類 しゅるい 종류 | カフェ 카페 | ～中 なかで ~중에서

1 형용사 과거형

종류		현재형	과거형
い형용사	긍정	おいしいです	おいしかったです
	부정	おいしくありません (＝おいしくないです)	おいしくありませんでした (＝おいしくなかったです)
な형용사	긍정	好きです	好きでした
	부정	好きではありません (＝好きではないです)	好きではありませんでした (＝好きではなかったです)

1) い형용사 어간 かったです ~았/었습니다

→ ケーキはおいしかったです。

→ 昨日(きのう)は忙しかったです。

주의! あのカフェもよかったです。

2) い형용사 어간 く ありませんでした(＝く なかったです) ~지 않았습니다

→ テストは難しくありませんでした。(＝難しくなかったです。)

→ その店は高くありませんでした。(＝高くなかったです。)

주의! 昨日は天気がよくありませんでした。(＝よくなかったです。)

3) な형용사 어간 でした ~았/었습니다

→ 部屋はきれいでした。

→ 今日は昨日より暇でした。

→ 東京(とうきょう)はとてもにぎやかでした。

단어 및 표현

昨日 きのう 어제 | 東京 とうきょう 도쿄(지명)

4) な형용사 어간では ありませんでした(= では なかったです) ~지 않았습니다

✦ テストは簡単ではありませんでした。(= 簡単ではなかったです。)

✦ 彼は親切ではありませんでした。(= 親切ではなかったです。)

✦ この図書館はあまり静かではありませんでした。

(= 静かではなかったです。)

2 비교 표현

1) 2가지 비교 ～と ～と どちらが ～ですか ~와/과 ~와/과 어느 쪽이 ~ㅂ/습니까?

（～より）～の方が ～です (~보다) ~쪽이 ~ㅂ/습니다

✦ A: コーヒーと紅茶とどちらがいいですか。

　B: (紅茶より)コーヒーの方がいいです。

✦ A: 山と海とどちらが好きですか。

　B: (山より)海の方が好きです。

　C: 私はどちらも好きです。

2) 3가지 이상 비교 ～の中で ～が 一番 ～ですか ~중에서 ~이/가 가장 ~ㅂ/습니까?

～が 一番 ～です ~이/가 가장 ~ㅂ/습니다

✦ A: 家族の中で、誰が一番背が高いですか。

　B: 私が一番背が高いです。

✦ A: スポーツの中で、何が一番好きですか。

　B: 野球が一番好きです。

단어 및 표현

図書館 としょかん 도서관 ｜ 山 やま 산 ｜ 海 うみ 바다 ｜ どちらも 어느 쪽도, 어느 쪽이나(모두) ｜ 家族 かぞく 가족
スポーツ 스포츠 ｜ 野球 やきゅう 야구

Ⅰ. 보기와 같이 연습해 보세요.

보기	コーヒーは おいしかったですか。	はい、とてもおいしかったです。 いいえ、あまりおいしくありませんでした。 (＝おいしくなかったです。)

① 部屋は大きかったですか。　→　はい、＿＿＿＿＿＿＿＿＿＿＿＿＿＿＿

② 冬休みは短かったですか。　→　はい、＿＿＿＿＿＿＿＿＿＿＿＿＿＿＿

③ 旅行は楽しかったですか。　→　いいえ、＿＿＿＿＿＿＿＿＿＿＿＿＿＿

④ 彼の声はよかったですか。　→　いいえ、＿＿＿＿＿＿＿＿＿＿＿＿＿＿

Ⅱ. 보기와 같이 연습해 보세요.

보기	教室は静かでしたか。	はい、とても静かでした。 いいえ、あまり静かではありませんでした。 (＝静かではなかったです。)

① 中村さんは元気でしたか。　→　はい、＿＿＿＿＿＿＿＿＿＿＿＿＿＿＿

② 北海道はきれいでしたか。　→　はい、＿＿＿＿＿＿＿＿＿＿＿＿＿＿＿

③ 交通は便利でしたか。　→　いいえ、＿＿＿＿＿＿＿＿＿＿＿＿＿＿

④ 店の人は親切でしたか。　→　いいえ、＿＿＿＿＿＿＿＿＿＿＿＿＿＿

단어 및 표현

大おおきい 크다 | 冬休ふゆやすみ 겨울방학 | 短みじかい 짧다 | 旅行りょこう 여행 | 声こえ 목소리

教室きょうしつ 교실 | 北海道ほっかいどう 홋카이도(지명) | 店みせの人ひと(＝店員 てんいん) 점원

Ⅲ. 보기와 같이 연습해 보세요.

| 보기 | いちご / バナナ / 好きだ | A: いちごとバナナとどちらが好きですか。
B: バナナよりいちごの方が好きです。 |

① 野球 / サッカー / おもしろい　A: _____

B: _____

② 英語 / 日本語 / 難しい　A: _____

B: _____

③ 犬 / 猫^{ねこ} / 好きだ　A: _____

B: _____

④ タクシー / バス / 便利だ　A: _____

B: _____

Ⅳ. 보기와 같이 연습해 보세요.

| 보기 | 果物^{くだもの} / 何 / おいしい / いちご | A: 果物の中で何が一番おいしいですか。
B: いちごが一番おいしいです。 |

① 兄弟^{きょうだい} / 誰 / まじめだ / 兄^{あに}　A: _____

B: _____

② 日本 / どこ / 暖かい / 沖縄　A: _____

B: _____

③ 季節^{きせつ} / いつ / 好きだ / 春^{はる}　A: _____

B: _____

④ この色^{いろ} / どれ / 好きだ / 青^{あお}　A: _____

B: _____

단어 및 표현

猫 ねこ 고양이 | バス 버스 | タクシー 택시 | 果物 くだもの 과일 | 兄弟 きょうだい 형제 | 兄 あに 형, 오빠
季節 きせつ 계절 | 春 はる 봄 | 色 いろ 색 | 青 あお 파랑

職業 ^{しょくぎょう} 직업

エンジニア

엔지니어

公務員 ^{こうむいん}

공무원

パティシエ

파티쉐

外交官 ^{がいこうかん}

외교관

看護師 ^{かんごし}

간호사

シェフ

셰프

芸能人 ^{げいのうじん}

연예인

警察官 ^{けいさつかん}

경찰관

スポーツ選手 ^{せんしゅ}

스포츠 선수

デザイナー

디자이너

弁護士 ^{べんごし}

변호사

保育士 ^{ほいくし}

보육사

いちにんまえ
一人前
한 사람 몫

　일본 고등학생들이 선호하는 장래 직업에는 エンジニア(엔지니어), 公務員(공무원),
スポーツ選手(운동선수) 등이 있다. 최근에는 プログラマー(프로그래머), ゲーム
クリエイター(게임 제작자), ユーチューバー(유튜버) 등도 각광받고 있다.

　하지만 이러한 직업의 분야와는 상관없이 일본에서는 한 분야에 전념하여 일정 수준
이상의 기술이나 학문 등을 익히는 것 혹은 그러한 사람을 가리켜 一人前라고 부르고
사회로부터 인정을 받는다. 一人前는 본래 '1인분'이라는 뜻이며, '반사람 몫'이라는 의
미의 半人前라는 단어도 있다. 半人前는 기술이나 학문 등이 미숙하다 혹은 아직 제
구실을 못한다는 뜻의 부정적인 의미로 쓰인다.

06

ジムはどこにありますか。

학습 목표 일본어의 존재동사를 이해한다.

위치를 묻고 답할 수 있다.

학습 요점 ❶ 존재 표현   ❷ 위치 표현

학교에서

金 ^{キム} あの、田中さん、木村さんはどこにいますか。

田中 ^{たなか} 木村さんはジムにいます。

金 ^{キム} そうですか。ジムはどこにありますか。

田中 ^{たなか} このキャンパスには体育館が2つあります。

ジムは第一体育館の1階にあります。

第一体育館はあの建物の後ろです。

金 ^{キム} あの建物の後ろですね。

ありがとうございます。

단어 및 표현

ジム 헬스장 | キャンパス 캠퍼스 | 体育館 たいいくかん 체육관 | 2ふたつ 두 개 | 第一 だいいち 제일
1階 いっかい 1층 | 建物 たてもの 건물 | 後うしろ 뒤

1 존재 표현

구분	있습니다	없습니다
사물, 식물 (스스로 공간 이동이 불가능한 존재)	あります	ありません (＝ないです)
사람, 동물 (스스로 공간 이동이 가능한 존재)	います	いません (＝いないです)

1) 명사 が あります ~이/가 있습니다

　명사 が ありません ~이/가 없습니다

✦ かばんと教科書_{きょう か しょ}があります。

✦ 大きい木_きが1本_{いっぽん}あります。

✦ 明日、テストがあります。

✦ 何_{なに}がありますか。

✦ 何もありません。

2) 명사 が います ~이/가 있습니다

　명사 が いません ~이/가 없습니다

✦ 木村さんがいます。

✦ 金さんと李さんがいます。

✦ 誰_{だれ}がいますか。

✦ 誰もいません。

단어 및 표현

木 き 나무 ｜ 1本 いっぽん 한 그루 ｜ 何 なにも 아무것도 ｜ 誰 だれも 아무도

98

- 鳥がいます。

- 猫と犬がいます。

- 何がいますか。

- 何もいません。

2 위치 표현

1) 위치를 나타내는 단어

上 위	前 앞	右 오른쪽	中 안	隣 바로 옆	近く 근처
下 아래	後ろ 뒤	左 왼쪽	外 밖	横 옆	向かい 맞은편

2) 조사 に ~에 (존재 장소·위치)

- A: 事務室はどこにありますか。

  B: 事務室はこの建物の3階にあります。

- A: 本田さんはどこにいますか。

  B: 本田さんは正門の前にいます。

- A: この近くに銀行はありますか。

  B: いいえ、ありません。

- 箱の中に何かありますか。

- あそこに誰かいますか。

단어 및 표현

鳥 とり 새 | 事務室 じむしつ 사무실 | 3階 さんがい 3층 | 正門 せいもん 정문 | 箱 はこ 상자 | 何 なにか 뭔가
誰 だれか 누군가

Ⅰ. 보기와 같이 연습해 보세요.

보기	時計(とけい) →	時計があります。	時計はありません。

① 机(つくえ) → _____ _____

② 田中さん → _____ _____

③ テレビ → _____ _____

④ 鳥 → _____ _____

Ⅱ-1. 아래 그림을 보고 보기와 같이 연습해 보세요.

보기	雑誌(ざっし)	A: 雑誌はどこにありますか。 B: 雑誌は椅子(いす)の上にあります。

단어 및 표현

時計 とけい 시계 ｜ 机 つくえ 책상 ｜ ベッド 침대 ｜ 帽子 ぼうし 모자 ｜ テレビ 텔레비전 ｜ テーブル 테이블

椅子 いす 의자 ｜ 雑誌 ざっし 잡지 ｜ めがね 안경 ｜ 女 おんなの子 こ 여자아이 ｜ 男 おとこの子 こ 남자아이

① かばん   A: _____   B: _____

② めがね   A: _____   B: _____

③ 男の子   A: _____   B: _____

④ ケータイ   A: _____   B: _____

⑤ 猫   A: _____   B: _____

Ⅱ-2. 왼쪽 그림을 보고 보기와 같이 답하세요.

> 보기   テレビの上に何がありますか。 → 時計があります。
>   テレビの上に何かありますか。 → はい、時計があります。

① ベッドの上に何がありますか。 → _____

② かばんの中に何がありますか。 → _____

③ テーブルの横に何がありますか。 → _____

④ 部屋に誰かいますか。 → _____

⑤ 椅子の上に何かいますか。 → _____

Ⅲ. 각자의 상황에 맞춰 일본어로 답하세요.

① 机の上に何がありますか。 → _____

② かばんの中に何がありますか。 → _____

③ 教室に誰がいますか。 → _____

④ あなたの部屋に何がありますか。 → _____

⑤ あなたの後ろに誰かいますか。 → _____

🔊 30

いくつですか。 몇 개입니까?

ひと 一つ　1개	ふた 二つ　2개	みっ 三つ　3개	よっ 四つ　4개	いつ 五つ　5개
むっ 六つ　6개	なな 七つ　7개	やっ 八つ　8개	ここの 九つ　9개	とお 十　10개

なんがい 何階ですか。 몇 층입니까?

いっかい 一階　1층	に かい 二階　2층	さんがい 三階　3층	よんかい 四階　4층	ご かい 五階　5층
ろっかい 六階　6층	ななかい 七階　7층	はちかい/はっかい 八階　8층	きゅうかい 九階　9층	じゅっかい 十階　10층

なんにん 何人ですか。 몇 명입니까?

ひとり 一人　1명	ふたり 二人　2명	さんにん 三人　3명	よ にん 四人　4명	ご にん 五人　5명
ろくにん 六人　6명	しちにん 七人　7명	はちにん 八人　8명	きゅうにん 九人　9명	じゅうにん 十人　10명

なんまい 何枚ですか。 몇 장입니까?

いちまい 一枚　1장	に まい 二枚　2장	さんまい 三枚　3장	よんまい 四枚　4장	ご まい 五枚　5장
ろくまい 六枚　6장	ななまい 七枚　7장	はちまい 八枚　8장	きゅうまい 九枚　9장	じゅうまい 十枚　10장

なんぼん 何本ですか。 몇 병(자루)입니까?

いっぽん 一本　1병	に ほん 二本　2병	さんぼん 三本　3병	よんほん 四本　4병	ご ほん 五本　5병
ろっぽん 六本　6병	ななほん 七本　7병	はっぽん 八本　8병	きゅうほん 九本　9병	じゅっぽん 十本　10병

なんさつ 何冊ですか。 몇 권입니까?

いっさつ 一冊　1권	に さつ 二冊　2권	さんさつ 三冊　3권	よんさつ 四冊　4권	ご さつ 五冊　5권
ろくさつ 六冊　6권	ななさつ 七冊　7권	はっさつ 八冊　8권	きゅうさつ 九冊　9권	じゅっさつ 十冊　10권

なんびき 何匹ですか。 몇 마리입니까?

いっぴき 一匹　1마리	に ひき 二匹　2마리	さんびき 三匹　3마리	よんひき 四匹　4마리	ご ひき 五匹　5마리
ろっぴき 六匹　6마리	ななひき 七匹　7마리	はっぴき 八匹　8마리	きゅうひき 九匹　9마리	じゅっぴき 十匹　10마리

쓰면서 익혀요

ひと 一つ				
1개	2개	3개	4개	5개
6개	7개	8개	9개	10개

いっかい 一階				
1층	2층	3층	4층	5층
6층	7층	8층	9층	10층

ひとり 一人				
1명	2명	3명	4명	5명
6명	7명	8명	9명	10명

いちまい 一枚				
1장	2장	3장	4장	5장
6장	7장	8장	9장	10장

いっぽん 一本				
1병	2병	3병	4병	5병
6병	7병	8병	9병	10병

いっさつ 一冊				
1권	2권	3권	4권	5권
6권	7권	8권	9권	10권

いっぴき 一匹				
1마리	2마리	3마리	4마리	5마리
6마리	7마리	8마리	9마리	10마리

<ruby>家具<rt>か ぐ</rt></ruby>と<ruby>家電<rt>か でん</rt></ruby> 가구와 가전

こたつ
고타쓰

ソファ
소파

たんす・チェスト
서랍장

<ruby>食卓<rt>しょくたく</rt></ruby>
식탁

<ruby>本棚<rt>ほんだな</rt></ruby>
책장

<ruby>空気清浄機<rt>くう き せいじょう き</rt></ruby>
공기청정기

<ruby>冷蔵庫<rt>れいぞう こ</rt></ruby>
냉장고

<ruby>電子<rt>でん し</rt></ruby>レンジ
전자레인지

<ruby>電気<rt>でん き</rt></ruby>ポット
전기포트

<ruby>洗濯機<rt>せんたく き</rt></ruby>
세탁기

エアコン
에어컨

<ruby>扇風機<rt>せんぷう き</rt></ruby>
선풍기

和室
일본식 방

　일본인은 사계절을 즐기고 자연을 느끼는 것을 소중하게 생각한다. 일본의 전통 가옥에는 짚으로 만들어진 畳를 깐 방인 和室가 있다. 和室에는 일본인의 지혜와 생활 양식이 숨어 있다. 畳는 습기가 많은 일본의 기후에 적합한 친환경 바닥재이다. 여름에는 불쾌한 습기를 흡수하고, 겨울에는 수분을 방출해서 실내 습도를 조절해 준다.

　그리고 和室에는 빛과 바람을 적당히 들어오게 하는 障子나 襖가 있다. 또 和室에는 계절마다 족자, 꽃, 도자기 등으로 꾸미는 床の間라는 공간이 있다.

　혹시 일본에 가서 和室에 머물 기회가 있으면 和室의 곳곳을 살펴보는 것도 흥미로울 것이다.

▲ 和室

▲ 床の間

▲ 襖

▲ 障子

07

<ruby>図<rt>と</rt>書<rt>しょ</rt>館<rt>かん</rt></ruby>で
<ruby>発<rt>はっ</rt>表<rt>ぴょう</rt></ruby>の<ruby>準<rt>じゅん</rt>備<rt>び</rt></ruby>をします。

학습 목표 동사를 종류별로 구분할 수 있다.

일상생활에 대해 말할 수 있다.

학습 요점 ❶ 동사 종류   ❷ 동사 ます형

❸ 동사 ます형 ます   ❹ 동사 ます형 ません

❺ 조사 を   ❻ 조사 へ, に(방향, 장소)

❼ 조사 で(동작 장소)

대학 캠퍼스에서

^{きむら}木村　金さん、これから何をしますか。

^{キム}金　図書館で発表の準備をします。木村さんは。

^{きむら}木村　私は渋谷へ行きます。

^{キム}金　買い物ですか。

^{きむら}木村　いいえ、買い物ではありません。友達に会います。

^{キム}金　友達と何をしますか。お酒を飲みますか。

^{きむら}木村　いいえ、お酒は飲みません。ご飯を食べます。

それからジャズコンサートを見ます。

^{キム}金　へえ、ジャズが好きですか。

^{きむら}木村　はい、好きです。時々コンサートを見ます。

단어 및 표현

～で ~에서 [동작 장소] ｜ 発表 はっぴょう 발표 ｜ 準備 じゅんび 준비 ｜ ～を ~을/를 ｜ する 하다
これから 지금부터 ｜ 渋谷 しぶや 시부야(지명) ｜ ～へ ~(으)로, ~에 ｜ 行いく 가다 ｜ 買かい物もの 쇼핑, 물건사기
～に会あう ~을/를 만나다 ｜ ご飯はん 밥 ｜ 食たべる 먹다 ｜ ジャズ 재즈 ｜ コンサート 콘서트 ｜ 見みる 보다
時々 ときどき 가끔, 때때로

1 동사 종류

1그룹	う, く, ぐ, す, つ, ぬ, ぶ, む, る로 끝나는 동사 예 買う, 行く, 泳ぐ, 話す, 待つ, 死ぬ, 遊ぶ, 飲む 등 단, る로 끝나는 동사의 경우 る 앞이 a단, u단, o단인 동사 예 ある, 売る, 取る 등
2그룹	る로 끝나는 동사 중 る 앞이 i단, e단인 동사 예 食べる, 寝る, かける, 起きる, 見る, 着る 등
3그룹	불규칙 동사 する, 来る

※ 예외 1그룹 동사: 형태는 2그룹이지만 1그룹으로 분류되는 동사
　예 帰る、知る、切る、入る、走る 등

단어 및 표현

買かう 사다 | 泳およぐ 헤엄치다 | 話はなす 이야기하다 | 待まつ 기다리다 | 死しぬ 죽다 | 遊あそぶ 놀다
飲のむ 마시다 | ある 있다 | 売うる 팔다 | 取とる 잡다 | 食たべる 먹다 | 寝ねる 자다 | かける 걸다
起おきる 일어나다 | 着きる 입다 | する 하다 | 来くる 오다 | 帰かえる 돌아가(오)다 | 知しる 알다
切きる 자르다 | 入はいる 들어가(오)다 | 走はしる 달리다

2 동사 ます형

동사 종류	기본형	동사 ます형 만드는 법	
1그룹	買^かう 待^まつ ある 帰^{かえ}る 行^いく 泳^{およ}ぐ 話^{はな}す 飲^のむ 遊^{あそ}ぶ 死^しぬ	어미 u단을 i단으로 바꾸고 ます를 연결 (u단 → i단 + ます)	買^かいます 待^まちます あります 帰^{かえ}ります 行^いきます 泳^{およ}ぎます 話^{はな}します 飲^のみます 遊^{あそ}びます 死^しにます
2그룹	食^たべる 寝^ねる 起^おきる 見^みる	어미 る를 빼고 ます를 연결 (る탈락 + ます)	食^たべます 寝^ねます 起^おきます 見^みます
3그룹	する 来^くる		します 来^きます

3 동사 ます형 ます ~ㅂ/습니다

- 発表の準備をします。

- これから図書館へ行きます。

- A: テレビを見ますか。

  B: はい、テレビを見ます。

4 동사 ます형 ません ~지 않습니다

- 私は時計を買いません。

- 金さんは来ますが、木村さんは来ません。

- A: 新聞を読みますか。

  B: いいえ、新聞は読みません。

5 조사 を ~을/를

- 毎日、音楽を聞きます。

- 家族と一緒にご飯を食べます。

- 今日は忙しいです。明日、運動をします。

주의! 한국어에서는 '~을/를'로 해석되지만 일본어에서는 조사 を가 아닌 に를 사용하는 동사도 있습니다.
(예 会う, 乗る 등)
久しぶりに友達に会います。
たまにバスに乗ります。

단어 및 표현

新聞 しんぶん 신문 | 読よむ 읽다 | 毎日 まいにち 매일 | 一緒いっしょに 함께, 같이 | 明日 あした 내일
運動 うんどう 운동 | 久ひさしぶりに 오랜만에 | 会あう 만나다 | たまに 간혹, 이따금 | 乗のる 타다

110

6 조사 へ, に ~(으)로, ~에 (방향, 장소)

- これからジムへ行きます。
- 日本へ帰ります。
- 明日、ここへ来ます。
- 家の中に入ります。
- 今日は学校に行きません。

7 조사 で ~에서 (동작 장소)

- 家で映画を見ます。
- カフェで友達と話します。
- 週末、図書館で勉強します。

단어 및 표현

週末 しゅうまつ 주말 | 勉強べんきょうする 공부하다

Ⅰ. 보기와 같이 표를 완성하세요.

	기본형	그룹	~ます	~ません
보기	行^いく 가다	1	行^いきます 갑니다	行^いきません 가지 않습니다
	会^あう 만나다			
	飲^のむ 마시다			
	帰^{かえ}る 돌아가(오)다			
	寝^ねる 자다			
	泳^{およ}ぐ 헤엄치다			
	入^{はい}る 들어가(오)다			
	する 하다			
	待^まつ 기다리다			
	取^とる 잡다			
	遊^{あそ}ぶ 놀다			
	来^くる 오다			
	話^{はな}す 이야기하다			
	書^かく 쓰다			

死ぬ 죽다			
ある 있다			
いる 있다			
かける 걸다			
買う 사다			
行く 가다			
着る 입다			
見る 보다			
起きる 일어나다			
売る 팔다			

たいへん
よくでき
ました

Ⅱ. 보기와 같이 연습해 보세요.

보기	A: かばんを買いますか。
かばんを買^かう	B: はい、買います。 　いいえ、買いません。

① 音楽を聞く　　A: _____

　　　　　　　　 B: はい、_____

　　　　　　　　 　　いいえ、_____

② 友達に会う　　A: _____

　　　　　　　　 B: はい、_____

　　　　　　　　 　　いいえ、_____

③ テレビを見る　A: _____

　　　　　　　　 B: はい、_____

　　　　　　　　 　　いいえ、_____

④ ここに来る　　A: 明日、_____

　　　　　　　　 B: はい、_____

　　　　　　　　 　　いいえ、_____

Ⅲ. 알맞은 조사를 넣어 문장을 완성하세요. (중복 사용 가능)

| を | と | で | に | も | へ |

① 友達 ☐ 会います。ご飯 ☐ 食べます

② 朝（あさ）☐ 夜（よる）☐ 薬（くすり）☐ 飲みます。

③ 図書館 ☐ 行きます。そこ ☐ 勉強 ☐ します。

④ 子供（こども）☐ 公園（こうえん）☐ 自転車（じてんしゃ）☐ 乗ります。

Ⅳ. 아래 문장을 일본어로 쓰세요.

① 내일 무엇을 합니까?

→ _____

② 도서관에서 발표 준비를 합니다.

→ _____

③ 학교에서 친구를 만납니다.

→ _____

④ 저는 커피를 마시지 않습니다.

→ _____

단어 및 표현

薬 くすり 약 | 朝 あさ 아침 | 夜 よる 밤 | 子供 こども 아이 | 公園 こうえん 공원 | 自転車 じてんしゃ 자전거

日常生活 일상생활
にちじょうせいかつ

歯を磨く
は　みが

이를 닦다

顔を洗う
かお　あら

얼굴을 씻다

コーヒーを入れる
い

커피를 끓이다

ひげを剃る
そ

수염을 깎다

化粧をする・落とす
け しょう　　　　お

화장을 하다 · 지우다

着替える
き　が

갈아입다

掃除機をかける
そう じ き

청소기를 돌리다

お風呂に入る
ふ ろ　はい

목욕을 하다

シャワーを浴びる
あ

샤워를 하다

花に水をやる
はな　みず

꽃에 물을 주다

布団を敷く・たたむ
ふ とん　し

이불을 깔다 · 개다

洗濯物を干す・取り込む
せんたくもの　ほ　　と　こ

빨래를 널다 · 걷다

お風呂に入る
목욕하다

　일본인은 거의 매일 목욕을 하는 습관을 가지고 있다. 목욕은 건강과 복을 염원하는 의식에서 시작된 것으로 단순히 몸을 씻는다는 것만을 의미하지는 않는다.

　때를 미는 한국의 목욕 문화와 다르게 일본인들은 따뜻한 風呂에 들어가서 하루의 피로를 풀거나 힐링의 시간을 보낸다. 이런 일본인들의 성향으로 대중목욕탕에는 電気風呂 (전기탕), 炭酸風呂(탄산탕), 薬草風呂(약초탕) 등 風呂의 종류가 많이 있다. 그리고 목욕을 즐기는 일본인들은 온천에 가면 하루에 몇 번이고 風呂에 들어가기도 한다.

　이러한 문화의 차이로 인해 한국어의 '목욕하다'는 일본어로 표현하게 되면 お風呂に入る가 되는 것이다.

08

<ruby>昨日<rt>きのう</rt></ruby>は<ruby>何時<rt>なんじ</rt></ruby>に
<ruby>帰<rt>かえ</rt></ruby>りましたか。

학습 목표 과거의 일을 말할 수 있다.

시간을 묻고 답할 수 있다.

학습 요점 ❶ 동사 ます형 ました ❷ 동사 ます형 ませんでした

❸ 조사 で (수단, 방법) ❹ 시간 표현

❺ 조사 に (시간) ❻ 조사 から, まで

회화

🔊 36

버스 정류장에서

キム
金　昨日は何時に帰りましたか。

きむら
木村　タクシーで12時に帰りました。

キム
金　遅かったですね。楽しかったですか。

きむら
木村　とても楽しかったです。

　　　カラオケで8時から11時半まで歌いました。

キム
金　ええ、すごいですね。のどは痛くありませんか。

きむら
木村　いいえ、大丈夫です。

　　　ところで、発表の準備はできましたか。

キム
金　はい、できました。でも、1時間しか寝ませんでした。

きむら
木村　大変でしたね。

단어 및 표현

何時 なんじ 몇 시 | 遅 おそい 늦다 | カラオケ 노래방 | 半 はん 반 | 歌 うたう 노래하다 | ええ 우와 [놀람]
すごい 대단하다 | のど 목 | 痛 いたい 아프다 | でも 하지만 | ところで 그런데 [화제 전환] | できる 완성되다
時間 じかん 시간 | ～しか ~밖에

1 동사 ます형 **ました** ~았/었습니다

- 先週もホラー映画を見ました。
- 日本に両親が来ました。
- 田中さんは早く家に帰りました。
- 一人で中国語の宿題をしました。

2 동사 ます형 **ませんでした** ~지 않았습니다

- 昨日は友達に会いませんでした。
- 今週はデートをしませんでした。
- 今日は忙しくて何もできませんでした。
- 誰も本を読みませんでした。

3 조사 **で** ~(으)로 (수단·방법, 재료)

- 何で学校に行きますか。
- 日本人の友達と韓国語で話しました。
- 鉛筆とボールペンとどちらで書きますか。
- 紙で箱を作りました。

단어 및 표현

先週 せんしゅう 지난주 | ホラー映画えいが 공포 영화 | 両親 りょうしん 부모 | 早はやく 빨리, 일찍
一人ひとりで 혼자서 | 中国語 ちゅうごくご 중국어 | 宿題 しゅくだい 숙제 | デート 데이트
何なにで 무엇으로 | 韓国語 かんこくご 한국어 | 紙 かみ 종이

120

4 시간 표현

1) 시 (時)

何時 <small>なんじ</small> 몇 시			
1時	いちじ	7時	しちじ
2時	にじ	8時	はちじ
3時	さんじ	9時	くじ
4時	よじ	10時	じゅうじ
5時	ごじ	11時	じゅういちじ
6時	ろくじ	12時	じゅうにじ

2) 분 (分 / 分)

何分 <small>なんぷん</small> 몇 분			
1分	いっぷん		
		20分	にじゅっぷん
2分	にふん		
3分	さんぷん		
		30分	さんじゅっぷん/半 <small>はん</small>
4分	よんぷん		
5分	ごふん		
		40分	よんじゅっぷん
6分	ろっぷん		
7分	ななふん		
		50分	ごじゅっぷん
8分	はっぷん		
9分	きゅうふん		
		60分	ろくじゅっぷん
10分	じゅっぷん / じっぷん		

 문형 익히기

5 조사 に ~에 (시간)

◆ 日本語の授業は3時に終わります。

◆ いつも何時に起きますか。

◆ この電車は何分に出発しますか。

6 조사 ～から ～まで ~부터/에서 ~까지 (시간, 장소)

◆ アルバイトは午前9時から午後4時までです。

◆ 会議は何時まででしたか。

◆ 空港からホテルまでタクシーで10分です。

◆ 家から会社まではどのくらいかかりますか。

단어 및 표현

終おわる 끝나다 | いつも 항상 | 電車 でんしゃ 전차 | 出発 しゅっぱつ 출발 | アルバイト 아르바이트

午前 ごぜん 오전 | 午後 ごご 오후 | 会議 かいぎ 회의 | 会社 かいしゃ 회사 | どのくらい 어느 정도

かかる 걸리다 | 空港 くうこう 공항 | ホテル 호텔

쓰면서 익혀요

時

いち　じ
1時

1시	2시	3시	4시
5시	6시	7시	8시
9시	10시	11시	12시

分

いっ ぷん
1分

1분	2분	3분
4분	5분	6분
7분	8분	9분
10분	20분	30분
40분	50분	60분

연습하기

I. 보기와 같이 표를 완성하세요.

	기본형	그룹	~ました	~ませんでした
보기	行く 가다	1	行きました 갔습니다	行きませんでした 가지 않았습니다
	会う 만나다			
	読む 읽다			
	いる 있다			
	帰る 돌아가(오)다			
	寝る 자다			
	遊ぶ 놀다			
	する 하다			
	持つ 들다, 가지다			
	取る 잡다			
	呼ぶ 부르다			
	ある 있다			
	来る 오다			
	出す 내다			

脱<ruby>ぬ</ruby>ぐ 벗다		
死<ruby>し</ruby>ぬ 죽다		
聞<ruby>き</ruby>く 듣다, 묻다		

Ⅱ. 보기와 같이 연습해 보세요.

보기 帽子を買う <ruby>ぼう</ruby><ruby>し</ruby><ruby>か</ruby>	A : 帽子を買いましたか。 B : はい、買いました。 いいえ、買いませんでした。

① 昨日、ビールを飲<ruby>の</ruby>む　　　　A: ＿＿＿＿＿＿＿＿＿＿＿＿＿＿＿

　　　　　　　　　　　　　　B: はい、＿＿＿＿＿＿＿＿＿＿＿＿

② 先週、友達に会う　　　　　A: ＿＿＿＿＿＿＿＿＿＿＿＿＿＿＿

　　　　　　　　　　　　　　B: いいえ、＿＿＿＿＿＿＿＿＿＿＿

③ 夕<ruby>ゆう</ruby>べ、ぐっすり寝<ruby>ね</ruby>る　　A: ＿＿＿＿＿＿＿＿＿＿＿＿＿＿＿

　　　　　　　　　　　　　　B: はい、＿＿＿＿＿＿＿＿＿＿＿＿

④ ワンさんはパーティーに来<ruby>く</ruby>る　A: ＿＿＿＿＿＿＿＿＿＿＿＿＿＿＿

　　　　　　　　　　　　　　B: いいえ、＿＿＿＿＿＿＿＿＿＿＿

단어 및 표현

ビール 맥주 ｜ 夕ゆうべ 어젯밤 ｜ ぐっすり 푹 ｜ パーティー 파티

Ⅲ. 보기와 같이 연습해 보세요.

A: 今、何時ですか。
B: 7時4分です。

①

②

_____

③

④

_____

⑤

⑥

_____

Ⅳ. 보기와 같이 연습해 보세요.

| 보기 | 病院
びょういん
AM8:00 ~ PM6:00 | A : 病院は何時から何時までですか。
B : 午前8時から午後6時までです。
はち じ　　　　ろく じ |

① 郵便局 AM9:00 ~ PM4:00　　A: _____
　 ゆうびんきょく
　　　　　　　　　　　　　　　　　　B: _____

② 本屋 AM7:50 ~ PM10:00　　　A: _____
　 ほん や
　　　　　　　　　　　　　　　　　　B: _____

③ 銀行 AM9:00 ~ PM3:00　　　　A: _____
　 ぎんこう
　　　　　　　　　　　　　　　　　　B: _____

④ 映画 PM4:15 ~ PM6:45　　　　A: _____
　　　　　　　　　　　　　　　　　　B: _____

Ⅴ. 아래 문장을 일본어로 쓰세요.

① 친구와 일본어로 이야기했습니다.

➡ _____

② 집에서 학교까지 몇 분 걸립니까?

➡ _____

③ 여기에서 레스토랑까지 걷겠습니까?

➡ _____

단어 및 표현

病院 びょういん 병원 | 郵便局 ゆうびんきょく 우체국 | 本屋 ほんや 서점 | 銀行 ぎんこう 은행
話はなす 이야기하다 | レストラン 레스토랑 | 歩あるく 걷다

🔊 39

地図_{ちず} 지도

パン屋_や
빵 가게

本屋_{ほんや}
서점

レストラン
레스토랑

ガソリンスタンド
주유소

博物館_{はくぶつかん}
박물관

花屋_{はなや}
꽃 가게

美術館_{びじゅつかん}
미술관

100円ショップ_{えん}
100엔숍

居酒屋_{いざかや}
선술집

八百屋_{やおや}
채소 가게

薬局_{やっきょく}
약국

交番_{こうばん}
지구대
(파출소)

　일본어로 가게는 店라고 한다. 하지만 일본의 가게 이름에는 花屋(꽃 가게), 魚屋 (생선 가게), 豆腐屋(두부 가게) 등과 같이 屋을 붙이는 것이 일반적이다. 그 중에 잘못 사용하기 쉬운 가게 이름도 있으니 주의해야 한다. 일본어로 채소는 野菜라고 하므로 채소 가게는 やさいや로 생각할 수 있는데, 채소 가게는 八百屋라고 한다. 술을 파는 가게의 경우 술은 일본어로 酒이므로 さけや를 떠올리기 쉬우나 酒屋가 정답이다. 일본에서 술을 마시는 술집은 飲み屋라고 하는데 飲み屋에는 屋台(포장마차), 居酒屋 (선술집), ビヤホール(호프집) 등이 있다. 또 고깃집은 肉屋(정육점)와 焼肉屋(한국식 불고기 가게)로 구분해서 사용한다.

09

<ruby>私<rt>わたし</rt></ruby>の<ruby>家<rt>いえ</rt></ruby>に
<ruby>遊<rt>あそ</rt></ruby>びに<ruby>来<rt>き</rt></ruby>ませんか。

학습 목표 행위의 목적을 말할 수 있다.
행위의 목적을 말할 수 있다.
권유 표현을 할 수 있다.

학습 요점 ❶ 목적 표현 (〜に行きます, 〜に来ます)   ❷ 동사 ます형 ませんか
❸ 동사 ます형 ましょう   ❹ 동사 ます형 ましょうか

🔊 40

학교에서

田中　李さん、金さん、どこに行きますか。

李　　私たちはそば屋に昼ご飯を食べに行きます。

　　　田中さんはどこに行きますか。

田中　私も食事に行きます。

金　　そうですか。よかったら、一緒に食べませんか。

李　　田中さん、一緒に行きましょう。

메밀국숫집에서

金　　この店のそばは本当においしいですね。

田中　私もここのそばが大好きです。ところで、金さん、李さん、
　　　今度の週末、私の家に遊びに来ませんか。

李　　はい、ぜひ。金さんも一緒に行きましょう。

金　　はい。田中さんの家はどこですか。

田中　私の家は上野駅の近くです。駅で会いましょうか。

金　　そうしましょう。

단어 및 표현

~たち ~들 | そば屋や 메밀국숫집 | 昼ひるご飯はん 점심밥 | 食事 しょくじ 식사 | よかったら 괜찮으면
本当ほんとうに 정말로 | 今度 こんど 이번 | ぜひ 꼭, 부디 | 上野 うえの 우에노(지명) | 駅 えき 역

1 목적 표현

1) 동사 ます형に 行きます / 来ます ~(으)러 갑니다 / 옵니다

- <ruby>昼<rt>ひる</rt></ruby><ruby>ご飯<rt>はん</rt></ruby>を食べに行きます。
- <ruby>夏休<rt>なつやす</rt></ruby>みは<ruby>沖縄<rt></rt></ruby>の友達の家に<ruby>遊<rt>あそ</rt></ruby>びに行きます。
- 午後、中村さんが本を<ruby>借<rt>か</rt></ruby>りに来ます。

2) 동작성 명사に 行きます / 来ます ~(으)러 갑니다 / 옵니다

- スーパーに買い物に行きます。
- どこへドライブに行きましたか。
- <ruby>外国<rt>がいこく</rt></ruby>の<ruby>子供<rt>こども</rt></ruby>たちが<ruby>見学<rt>けんがく</rt></ruby>に来ます。

2 동사 ます형 ませんか ~지 않겠습니까?

- <ruby>少<rt>すこ</rt></ruby>し<ruby>休<rt>やす</rt></ruby>みませんか。
- 週末、映画を一緒に見ませんか。
- コンビニでお<ruby>弁当<rt>べんとう</rt></ruby>を買いませんか。

※ 거절할 때는 아래와 같은 표현을 사용합니다.

すみません、～はちょっと。

예 すみません、週末はちょっと。

　　すみません、おすしはちょっと。

3 동사 ます형 **ましょう** ~ㅂ/읍시다

- 一緒におすしを食べましょう。
- 今日は早く帰りましょう。
- 7時に駅の前で会いましょう。

4 동사 ます형 **ましょうか** ~ㄹ/을까요?

- 駅で会いましょうか。
- 何を食べましょうか。
- 手伝_{てつだ}いましょうか。
- かばんを持_もちましょうか。

단어 및 표현

手伝てつだう 돕다 | 持もつ 들다

연습하기

Ⅰ. 보기와 같이 연습해 보세요.

> 보기　勉強をする　➡　勉強をしに行きます。

① 本を借りる　➡　_____

② 運動をする　➡　_____

③ 友達とコンサートを見る　➡　_____

④ 明日プレゼントを買う　➡　_____

Ⅱ. 보기와 같이 연습해 보세요.

> 보기
>
> 今日、一緒に
> ご飯を食べる
>
> A: 今日、一緒にご飯を食べませんか。
> B: はい、食べましょう。
> 　すみません、今日はちょっと。

① あそこに座る　A: _____

　　　　　　　　B: はい、_____

② ここで写真を撮る　A: _____

　　　　　　　　　　B: はい、_____

③ 明日、渋谷で会う　A: _____

　　　　　　　　　　B: すみません、_____

④ 週末、遊びに行く　A: _____

　　　　　　　　　　B: すみません、_____

단어 및 표현

プレゼント 선물 | 座すわる 앉다 | 写真 しゃしん 사진 | 撮とる 찍다

Ⅲ. 보기와 같이 연습해 보세요.

> | 보기 | コーヒーを飲む | ➡ | コーヒーを飲みましょうか。 |

① 少し休む　　　➡　_____

② タクシーで帰る　➡　_____

③ 音楽を聞く　　➡　_____

④ お酒を飲みに行く　➡　_____

Ⅳ. 아래 문장을 일본어로 쓰세요.

① 제가 도울까요?

➡　_____

② 제가 안내할까요?

➡　_____

③ 일요일, 놀러 가지 않겠습니까?

➡　_____

단어 및 표현

案内 あんない 안내

🔊 42

余暇 여가 생활

ショッピングをする
쇼핑을 하다

ヨガをする
요가를 하다

テニスをする
테니스를 하다

サーフィンをする
서핑을 하다

ミュージカルを見る
뮤지컬을 보다

ジョギングをする
조깅을 하다

お菓子を作る
과자를 만들다

キャンプに行く
캠핑하러 가다

釣りをする
낚시를 하다

読書をする
독서를 하다

編み物をする
뜨개질을 하다

陶芸をする
도자기 공예를 하다

日本の連休
일본의 연휴

　한국과 마찬가지로 일본에도 다양한 공휴일이 있다. 그 중에서도 4월 말부터 5월 초까지 징검다리로 공휴일들이 모여 있는 기간을 ゴールデンウィーク라고 한다. 이 기간 동안 일본인들은 다양한 방식으로 연휴를 즐긴다.

　일본에서는 1990년대에 週休二日制(주5일 근무제)가 사회에 정착하면서 ハッピーマンデー制度(행복한 월요일 제도)가 제정되었다. ハッピーマンデー制度는 원래 있었던 공휴일을 월요일로 이동시켜 토요일, 일요일, 월요일을 합친 3일간을 연휴로 삼는 제도이다. 예를 들어 1월 15일이었던 성인의 날이 2000년부터 1월 둘째 주 월요일로 변경되는 등 이 제도에 의해 몇몇 공휴일이 월요일로 바뀌어 연휴가 늘어났다. 휴일을 늘리는 추세에 있는 일본에서는 앞으로도 새로운 공휴일이 생길지도 모른다.

10

プレゼントは
何がほしいですか。

학습 목표 희망 표현을 할 수 있다.

날짜를 말할 수 있다.

학습 요점 ❶ 희망 표현 ❷ 동사 ます형 ながら ❸ 날짜 읽기

공원에서

木村（きむら） 李さん、9月5日（くがついつか）は李さんの誕生日（たんじょうび）ですね。

金（キム） 今週（こんしゅう）の金曜日（きんようび）ですか。

李（イ） はい、金曜日です。

木村（きむら） プレゼントは何がほしいですか。

李（イ） プレゼントですか。プレゼントはいいですよ。

木村（きむら） では、何がしたいですか。

李（イ） みんなと一緒においしいものでも食べたいです。

金（キム） 木村さん、どこかいい店はありませんか。

木村（きむら） ああ、ありますよ、いい店。

そこで夜景（やけい）を見ながら、みんなでパーティーをしましょう。

李（イ） 本当ですか。嬉（うれ）しいです。

金（キム） ケーキは私が準備します。

단어 및 표현

ほしい 원하다, 갖고 싶다 | 誕生日 たんじょうび 생일 | 今週 こんしゅう 이번 주 | 金曜日 きんようび 금요일
いいです 괜찮습니다, 됐습니다 | 〜よ ~요 [주장] | みんな 모두 | 〜でも ~(이)라도 | 夜景 やけい 야경

문형 익히기

1 희망 표현

1) 명사が ほしいです ~을/를 갖고 싶습니다

명사は ほしく ありません(＝ほしく ないです) ~은/는 갖고 싶지 않습니다

- 私は日本人の友達がほしいです。
- お金はあまりほしくありません。

　　　　　(＝ほしくないです。)

- 何が一番ほしいですか。
- 新しいスマホがほしかったです。
- 小さいかばんはほしくありませんでした。

　　　　　(＝ほしくなかったです。)

2) 명사が 동사 ます형たいです ~을/를 ~고 싶습니다

명사は 동사 ます형たく ありません(＝たく ないです) ~은/는 ~고 싶지 않습니다

- 日本のラーメンが食べたいです。
- 少し高いですが、これが買いたいです。
- 今は友達に会いたくありません。

　　　　　(＝会いたくないです。)

- もっと遊びたかったです。
- 薬は飲みたくありませんでした。

　　　　　(＝飲みたくなかったです。)

단어 및 표현

お金 かね 돈 | 新 あたらしい 새롭다 | スマホ (スマートフォン의 약자) 스마트폰 | ラーメン 라면 | もっと 더욱

2 동사 ます형 ながら <small>~(으)면서 (동시 동작)</small>

- 音楽を聞きながら運動します。
- テレビを見ながらご飯を食べます。
- ピアノを弾きながら歌を歌います。
- コーヒーを飲みながら話します。

3 날짜 읽기

1) 월(月)

何月 몇 월			
1月 いちがつ	2月 にがつ	3月 さんがつ	4月 しがつ
5月 ごがつ	6月 ろくがつ	7月 しちがつ	8月 はちがつ
9月 くがつ	10月 じゅうがつ	11月 じゅういちがつ	12月 じゅうにがつ

단어 및 표현

ピアノ 피아노 | 弾ひく 치다 | 歌 うた 노래 | 歌うたう 노래하다 | 何月 なんがつ 몇 월

2) 일(日), 요일(曜日)

何日 며칠			
1日 ついたち	2日 ふつか	3日 みっか	4日 よっか
5日 いつか	6日 むいか	7日 なのか	8日 ようか
9日 ここのか	10日 とおか	11日 じゅういちにち	12日 じゅうににち
13日 じゅうさんにち	14日 じゅうよっか	15日 じゅうごにち	16日 じゅうろくにち
17日 じゅうしちにち	18日 じゅうはちにち	19日 じゅうくにち	20日 はつか
21日 にじゅういちにち	22日 にじゅうににち	23日 にじゅうさんにち	24日 にじゅうよっか
25日 にじゅうごにち	26日 にじゅうろくにち	27日 にじゅうしちにち	28日 にじゅうはちにち
29日 にじゅうくにち	30日 さんじゅうにち	31日 さんじゅういちにち	

何曜日 무슨 요일						
月曜日 げつようび	火曜日 かようび	水曜日 すいようび	木曜日 もくようび	金曜日 きんようび	土曜日 どようび	日曜日 にちようび

단어 및 표현

何日 なんにち 며칠 | 何曜日 なんようび 무슨 요일

쓰면서 익혀요

月			
いちがつ 1月			
1월	2월	3월	4월
5월	6월	7월	8월
9월	10월	11월	12월

日			
ついたち 1日			
1일	2일	3일	4일
5일	6일	7일	8일
9일	10일	11일	12일
13일	14일	15일	16일
17일	18일	19일	20일
21일	22일	23일	24일
25일	26일	27일	28일
29일	30일	31일	

曜日			
げつようび 月曜日			
월요일	화요일	수요일	목요일
금요일	토요일	일요일	

Ⅰ. 보기와 같이 연습해 보세요.

| 보기 | カメラ | ○ → | カメラがほしいです。 |
| | | × → | カメラはほしくありません。(＝ほしくないです。) |

① パソコン ○ → _____

② スマホ ○ → _____

③ 車 × → _____

④ 時計 × → _____

Ⅱ. 보기와 같이 연습해 보세요.

| 보기 | ラーメン /
食べる | A: ラーメンが食べたいですか。
B: はい、ラーメンが食べたいです。
　 いいえ、ラーメンは食べたくありません。(＝食べたくないです。) |

① テレビ / 見る A: _____

B: _____

_____

② コーラ / 飲む A: _____

B: _____

_____

③ 旅行 / する A: _____
りょこう

B: _____

_____

④ 友達 / 会う A: _____

B: _____

_____

단어 및 표현

カメラ 카메라 ｜ パソコン 퍼스널 컴퓨터 ｜ 旅行 りょこう 여행 ｜ コーラ 콜라

144

Ⅲ. 보기와 같이 연습해 보세요.

보기　テレビを見る / ご飯を食べる　➡　テレビを見ながらご飯を食べます。

① 音楽を聞く / 勉強する　　➡　_____
② 歌を歌う / 踊る　　　　　➡　_____
③ コーヒーを飲む / 新聞を読む　➡　_____
④ カーナビを見る / 運転する　➡　_____

Ⅳ. 다음 스케줄을 보고 보기와 같이 대답하세요.

9月

日	月	火	水	木	金	土
	1	2 お祭り	3	4	5 李さんの誕生日	6 買い物
7	8	9 旅行	10	11	12	13
14 体育大会	15	16	17	18	19	20 日本語のテスト
21	22	23	24	25	26	27

보기　お祭りはいつですか。　➡　お祭りは9月2日です。

① 日本語のテストは何月何日ですか。

➡　_____

② 学校の体育大会は何月何日の何曜日ですか。

➡　_____

③ 李さんの誕生日はいつですか。

➡　_____

④ 旅行はいつからいつまでですか。

➡　_____

단어 및 표현

踊おどる 춤추다 | カーナビ (カーナビゲーション의 약자) 네비게이션 | 運転 うんてん 운전 | お祭まつり 축제
体育大会 たいいくたいかい 체육대회 | レポート 리포트 | 提出 ていしゅつ 제출

食べ物と飲み物 음식과 음료

天ぷら
튀김

牛丼
소고기 덮밥

お好み焼き
오코노미야키

寿司
초밥

焼きそば
야키소바

すき焼き
스키야키

ウーロン茶
우롱차

牛乳
우유

紅茶
홍차

日本酒
일본술

ワイン
와인

焼酎
소주

食事のマナー
しょくじ

식사 매너

일본에서는 밥그릇이나 국그릇을 손에 들고 먹는다. 그리고 모든 음식을 取り皿^{とざら} (개인 접시)에 옮겨 담은 후 먹는 것이 식사 매너이다.

국물은 들어서 마시고 건더기는 젓가락을 사용하여 먹는다. 기본적으로 젓가락을 많이 사용하므로 젓가락을 사용할 때 주의해야 할 사항이 몇 가지 있다. 예를 들면 밥에 젓가락을 꽂거나 음식을 뒤적거리거나 젓가락으로 사람을 가리키거나 하는 등의 행위는 하지 않는 것이 좋다. 특히 상대방이 젓가락으로 건넨 음식을 자신의 젓가락으로 받는 箸渡^{はしわた}し는 하지 말아야 한다. 그 이유는 일본에서는 사람이 죽으면 화장을 하는데, 화장 후 남은 뼈를 젓가락으로 맞잡아 옮기는 모습을 연상시켜 불쾌감을 주기 때문이다.

부록

- ◆ 문법 정리
- ◆ 정답
- ◆ 회화 해석
- ◆ 색인

1 명사・い형용사・な형용사 です

〈활용 형태〉

품사	단어	현재	
		긍정	부정
명사	<ruby>学生<rt>がくせい</rt></ruby>	<ruby>学生<rt>がくせい</rt></ruby>です	<ruby>学生<rt>がくせい</rt></ruby>ではありません(＝ <ruby>学生<rt>がくせい</rt></ruby>ではないです)
	<ruby>雨<rt>あめ</rt></ruby>	<ruby>雨<rt>あめ</rt></ruby>です	<ruby>雨<rt>あめ</rt></ruby>ではありません(＝ <ruby>雨<rt>あめ</rt></ruby>ではないです)
	<ruby>雑誌<rt>ざっし</rt></ruby>	<ruby>雑誌<rt>ざっし</rt></ruby>です	<ruby>雑誌<rt>ざっし</rt></ruby>ではありません(＝ <ruby>雑誌<rt>ざっし</rt></ruby>ではないです)
	これ	これです	これではありません(＝ これではないです)
	テスト	テストです	テストではありません(＝ テストではないです)
い형용사	おいしい	おいしいです	おいしくありません(＝ おいしくないです)
	<ruby>大<rt>おお</rt></ruby>きい	<ruby>大<rt>おお</rt></ruby>きいです	<ruby>大<rt>おお</rt></ruby>きくありません(＝ <ruby>大<rt>おお</rt></ruby>きくないです)
	<ruby>楽<rt>たの</rt></ruby>しい	<ruby>楽<rt>たの</rt></ruby>しいです	<ruby>楽<rt>たの</rt></ruby>しくありません(＝ <ruby>楽<rt>たの</rt></ruby>しくないです)
	いい	いいです	よくありません(＝ よくないです)
	＊ない	ないです	ありません
な형용사	<ruby>好<rt>す</rt></ruby>きだ	<ruby>好<rt>す</rt></ruby>きです	<ruby>好<rt>す</rt></ruby>きではありません(＝ <ruby>好<rt>す</rt></ruby>きではないです)
	きれいだ	きれいです	きれいではありません(＝ きれいではないです)
	<ruby>親切<rt>しんせつ</rt></ruby>だ	<ruby>親切<rt>しんせつ</rt></ruby>です	<ruby>親切<rt>しんせつ</rt></ruby>ではありません(＝ <ruby>親切<rt>しんせつ</rt></ruby>ではないです)
	<ruby>静<rt>しず</rt></ruby>かだ	<ruby>静<rt>しず</rt></ruby>かです	<ruby>静<rt>しず</rt></ruby>かではありません(＝ <ruby>静<rt>しず</rt></ruby>かではないです)
	<ruby>上手<rt>じょうず</rt></ruby>だ	<ruby>上手<rt>じょうず</rt></ruby>です	<ruby>上手<rt>じょうず</rt></ruby>ではありません(＝ <ruby>上手<rt>じょうず</rt></ruby>ではないです)

품사	단어	과거	
		긍정	부정
명사	学生 <ruby>学生<rt>がくせい</rt></ruby>	<ruby>学生<rt>がくせい</rt></ruby>でした	<ruby>学生<rt>がくせい</rt></ruby>ではありませんでした(＝<ruby>学生<rt>がくせい</rt></ruby>ではなかったです)
	<ruby>雨<rt>あめ</rt></ruby>	<ruby>雨<rt>あめ</rt></ruby>でした	<ruby>雨<rt>あめ</rt></ruby>ではありませんでした(＝<ruby>雨<rt>あめ</rt></ruby>ではなかったです)
	<ruby>雑誌<rt>ざっし</rt></ruby>	<ruby>雑誌<rt>ざっし</rt></ruby>でした	<ruby>雑誌<rt>ざっし</rt></ruby>ではありませんでした(＝<ruby>雑誌<rt>ざっし</rt></ruby>ではなかったです)
	これ	これでした	これではありませんでした(＝これではなかったです)
	テスト	テストでした	テストではありませんでした(＝テストではなかったです)
い형용사	おいしい	おいしかったです	おいしくありませんでした(＝おいしくなかったです)
	<ruby>大<rt>おお</rt></ruby>きい	<ruby>大<rt>おお</rt></ruby>きかったです	<ruby>大<rt>おお</rt></ruby>きくありませんでした(＝<ruby>大<rt>おお</rt></ruby>きくなかったです)
	<ruby>楽<rt>たの</rt></ruby>しい	<ruby>楽<rt>たの</rt></ruby>しかったです	<ruby>楽<rt>たの</rt></ruby>しくありませんでした(＝<ruby>楽<rt>たの</rt></ruby>しくなかったです)
	いい	よかったです	よくありませんでした(＝よくなかったです)
	*ない	なかったです	ありませんでした
な형용사	<ruby>好<rt>す</rt></ruby>きだ	<ruby>好<rt>す</rt></ruby>きでした	<ruby>好<rt>す</rt></ruby>きではありませんでした(＝<ruby>好<rt>す</rt></ruby>きではなかったです)
	きれいだ	きれいでした	きれいではありませんでした(＝きれいではなかったです)
	<ruby>親切<rt>しんせつ</rt></ruby>だ	<ruby>親切<rt>しんせつ</rt></ruby>でした	<ruby>親切<rt>しんせつ</rt></ruby>ではありませんでした(＝<ruby>親切<rt>しんせつ</rt></ruby>ではなかったです)
	<ruby>静<rt>しず</rt></ruby>かだ	<ruby>静<rt>しず</rt></ruby>かでした	<ruby>静<rt>しず</rt></ruby>かではありませんでした(＝<ruby>静<rt>しず</rt></ruby>かではなかったです)
	<ruby>上手<rt>じょうず</rt></ruby>だ	<ruby>上手<rt>じょうず</rt></ruby>でした	<ruby>上手<rt>じょうず</rt></ruby>ではありませんでした(＝<ruby>上手<rt>じょうず</rt></ruby>ではなかったです)

2 동사 ます

동사 종류	기본형	현재		과거	
		긍정	부정	긍정	부정
1 그 룹	買^かう	買^かいます	買^かいません	買^かいました	買^かいませんでした
	行^いく	行^いきます	行^いきません	行^いきました	行^いきませんでした
	泳^{およ}ぐ	泳^{およ}ぎます	泳^{およ}ぎません	泳^{およ}ぎました	泳^{およ}ぎませんでした
	話^{はな}す	話^{はな}します	話^{はな}しません	話^{はな}しました	話^{はな}しませんでした
	待^まつ	待^まちます	待^まちません	待^まちました	待^まちませんでした
	死^しぬ	死^しにます	死^しにません	死^しにました	死^しにませんでした
	遊^{あそ}ぶ	遊^{あそ}びます	遊^{あそ}びません	遊^{あそ}びました	遊^{あそ}びませんでした
	飲^のむ	飲^のみます	飲^のみません	飲^のみました	飲^のみませんでした
	帰^{かえ}る	帰^{かえ}ります	帰^{かえ}りません	帰^{かえ}りました	帰^{かえ}りませんでした
2 그 룹	食^たべる	食^たべます	食^たべません	食^たべました	食^たべませんでした
	寝^ねる	寝^ねます	寝^ねません	寝^ねました	寝^ねませんでした
	起^おきる	起^おきます	起^おきません	起^おきました	起^おきませんでした
	見^みる	見^みます	見^みません	見^みました	見^みませんでした
3 그 룹	する	します	しません	しました	しませんでした
	来^くる	来^きます	来^きません	来^きました	来^きませんでした

동사 종류	기본형	권유			희망 표현	동시 동작
		～ませんか	～ましょう	～ましょうか	たいです	～ながら
1 ユ 룹	買う	買いませんか	買いましょう	買いましょうか	買いたいです	買いながら
	行く	行きませんか	行きましょう	行きましょうか	行きたいです	行きながら
	泳ぐ	泳ぎませんか	泳ぎましょう	泳ぎましょうか	泳ぎたいです	泳ぎながら
	話す	話しませんか	話しましょう	話しましょうか	話したいです	話しながら
	待つ	待ちませんか	待ちましょう	待ちましょうか	待ちたいです	待ちながら
	死ぬ	死にませんか	死にましょう	死にましょうか	死にたいです	死にながら
	遊ぶ	遊びませんか	遊びましょう	遊びましょうか	遊びたいです	遊びながら
	飲む	飲みませんか	飲みましょう	飲みましょうか	飲みたいです	飲みながら
	帰る	帰りませんか	帰りましょう	帰りましょうか	帰りたいです	帰りながら
2 ユ 룹	食べる	食べませんか	食べましょう	食べましょうか	食べたいです	食べながら
	寝る	寝ませんか	寝ましょう	寝ましょうか	寝たいです	寝ながら
	起きる	起きませんか	起きましょう	起きましょうか	起きたいです	起きながら
	見る	見ませんか	見ましょう	見ましょうか	見たいです	見ながら
3 ユ 룹	する	しませんか	しましょう	しましょうか	したいです	しながら
	来る	来ませんか	来ましょう	来ましょうか	来たいです	来ながら

01과

Ⅰ.
① ワンさんは中国人です。
② 田中さんは医者です。
③ スミスさんはアメリカ人です。
④ 彼は会社員です。

Ⅱ.
① A: 彼は日本人ですか。
　B: 彼は日本人です。/
　　彼は日本人ではありません。
② A: 李さんは大学院生ですか。
　B: 李さんは大学院生です。/
　　李さんは大学院生ではありません。
③ A: 田中さんは銀行員ですか。
　B: 田中さんは銀行員です。/
　　田中さんは銀行員ではありません。
④ A: 彼女は教師ですか。
　B: 彼女は教師です。/
　　彼女は教師ではありません。

Ⅲ.
① 田中さんも大学4年生です。
② 彼女も会社員です。
③ 先生は韓国人ではありません。
④ 私は中国人ではありません。

Ⅳ.
① ゼロきゅうゼロのにはちろくいちのいちに
　さんよん
② よんまるごごうしつ
③ れいてんさんパーセント
④ いちいちきゅう

02과

Ⅰ.
① A: これは何ですか。
　B: それは鉛筆です。
② A: それは何ですか。
　B: これは時計です。
③ A: あれは何ですか。
　B: あれは靴です。
④ A: これは何ですか。
　B: それはめがねです。

Ⅱ.
① それは私の鉛筆です。
② これは友達のケータイです。
③ あれは田中さんの傘です。
④ それは木村さんの車です。

Ⅲ.
① その鉛筆は田中さんのです。
② あの車は先生のではありません。
③ このめがねは李さんのです。
④ そのケータイは金さんのではありません。

Ⅳ.
① はっぴゃくななじゅうご
② せんさんびゃくにじゅうきゅう
③ いちまんはっせんろっぴゃくよんじゅうさん
④ さんまんさんぜんななひゃくろくじゅうなな

03 과

Ⅰ.
① 難しいです。
② 楽しいです。
③ 忙しくありません。(＝忙しくないです。)
④ よくありません。(＝よくないです。)

Ⅱ.
① この時計はとても安いです。
② この傘はとても大きいです。
③ このコーヒーはあまりおいしくありません。
　 (＝おいしくないです。)
④ このかばんはあまりかわいくありません。
　 (＝かわいくないです。)

Ⅲ.
① 日本語は漢字が多くて難しいです。
② このピアスは小さくてかわいいです。
③ 李さんはかっこよくて背が高いです。
④ 友達の部屋は広くていいです。

Ⅳ.
① 金さんは優しい人です。
② 青くて長い傘は私のです。
③ この時計は高くありません。
　 (＝高くないです。)
④ この本は難しいですが、おもしろいです。

04 과

Ⅰ.
① 有名です。
② 親切です。
③ 大変ではありません。
　 (＝大変ではないです。)
④ 暇ではありません。
　 (＝暇ではないです。)

Ⅱ.
① 私は英語が大好きです。
② 中村さんはお酒が嫌いです。
③ 私の友達は日本語が上手です。
④ 母は料理が下手です。

Ⅲ.
① A: どんな学生ですか。
　 B: まじめな学生です。
② A: どんな店ですか。
　 B: すてきな店です。
③ A: どんなところですか。
　 B: 静かなところです。
④ A: どんな町ですか。
　 B: 交通が不便な町です。

Ⅳ.
① この仕事は暇で楽です。
② 沖縄は海がきれいで有名です。
③ 中村さんは元気で明るいです。
④ 地下鉄は便利でいいです。

05 과

Ⅰ.

① とても大きかったです。

② とても短かったです。

③ あまり楽しくありませんでした。

　(＝楽しくなかったです。)

④ あまりよくありませんでした。

　(＝よくなかったです。)

Ⅱ.

① とても元気でした。

② とてもきれいでした。

③ あまり便利ではありませんでした。

　(＝便利ではなかったです。)

④ あまり親切ではありませんでした。

　(＝親切ではなかったです。)

Ⅲ.

① A: 野球とサッカーとどちらがおもしろいで
　　　すか。

　 B: サッカーより野球の方がおもしろいです。

② A: 英語と日本語とどちらが難しいですか。

　 B: 日本語より英語の方が難しいです。

③ A: 犬と猫とどちらが好きですか。

　 B: 猫より犬 の方が好きです。

④ A: タクシーとバスとどちらが便利ですか。

　 B: バスよりタクシーの方が便利です。

Ⅳ.

① A: 兄弟の中で誰が一番まじめですか。

　 B: 兄が一番まじめです。

② A: 日本の中でどこが一番暖かいですか。

　 B: 沖縄が一番暖かいです。

③ A: 季節の中でいつが一番好きですか。

　 B: 春が一番好きです。

④ A: この色の中でどれが一番好きですか。

　 B: 青が一番好きです。

06 과

Ⅰ.

① 机があります。　　　　机はありません。

② 田中さんがいます。　　田中さんはいません。

③ テレビがあります。　　テレビはありません。

④ 鳥がいます。　　　　　鳥はいません。

Ⅱ-1.

① A: かばんはどこにありますか。

　 B: かばんはテレビの前(テーブルの横)に
　　　あります。

② A: めがねはどこにありますか。

　 B: めがねはテーブルの上にあります。

③ A: 男の子はどこにいますか。

　 B: 男の子はテレビ(ベッド)の横にいます。

④ A: ケータイはどこにありますか。

　 B: ケータイはかばんの中にあります。

⑤ A: 猫はどこにいますか。

　 B: 猫は椅子の下にいます。

Ⅱ-2.

① 帽子があります。

② ケータイがあります。

③ 椅子(かばん)があります。

④ はい、男の子と女の子がいます。

⑤ いいえ、何もいません。

07 과

I.

기본형	그룹	～ます	～ません
会う 만나다	1	会います 만납니다	会いません 만나지 않습니다
飲む 마시다	1	飲みます 마십니다	飲みません 마시지 않습니다
帰る 돌아가(오)다	1	帰ります 돌아갑니다	帰りません 돌아가지 않습니다
寝る 자다	2	寝ます 잡니다	寝ません 자지 않습니다
泳ぐ 헤엄치다	1	泳ぎます 헤엄칩니다	泳ぎません 헤엄치지 않습니다
入る 들어가(오)다	1	入ります 들어갑니다	入りません 들어가지 않습니다
する 하다	3	します 합니다	しません 하지 않습니다
待つ 기다리다	1	待ちます 기다립니다	待ちません 기다리지 않습니다
取る 잡다	1	取ります 잡습니다	取りません 잡지 않습니다
遊ぶ 놀다	1	遊びます 놉니다	遊びません 놀지 않습니다
来る 오다	3	来ます 옵니다	来ません 오지 않습니다
話す 이야기하다	1	話します 이야기합니다	話しません 이야기하지 않습니다
書く 쓰다	1	書きます 씁니다	書きません 쓰지 않습니다
死ぬ 죽다	1	死にます 죽습니다	死にません 죽지 않습니다
ある 있다	1	あります 있습니다	ありません 없습니다
いる 있다	2	います 있습니다	いません 없습니다
かける 걸다	2	かけます 겁니다	かけません 걸지 않습니다
買う 사다	1	買います 삽니다	買いません 사지 않습니다
行く 가다	1	行きます 갑니다	行きません 가지 않습니다
着る 입다	2	着ます 입습니다	着ません 입지 않습니다
見る 보다	2	見ます 봅니다	見ません 보지 않습니다
起きる 일어나다	2	起きます 일어납니다	起きません 일어나지 않습니다
売る 팔다	1	売ります 팝니다	売りません 팔지 않습니다

Ⅱ.

① A: 音楽を聞きますか。

　　B: 聞きます。　聞きません。

② A: 友達に会いますか。

　　B: 会います。　会いません。

③ A: テレビを見ますか。

　　B: 見ます。　　見ません。

④ A: ここに来ますか。

　　B: 来ます。　　来ません。

Ⅲ.

① に、を

② も、も、を / と、に、を

③ に、で、を / へ、で、を

④ と、で、に / も、で、に

Ⅳ.

① 明日何をしますか。

② 図書館で発表の準備をします。

③ 学校で友達に会います。

④ 私はコーヒーを飲みません。

08 과

Ⅰ.

기본형	그룹	～ました	～ませんでした
会う 만나다	1	会いました 만났습니다	会いませんでした 만나지 않았습니다
飲む 마시다	1	飲みました 마셨습니다	飲みませんでした 마시지 않았습니다
いる 있다	2	いました 있었습니다	いませんでした 있지 않았습니다
帰る 돌아가(오)다	1	帰りました 돌아갔습니다	帰りませんでした 돌아가지 않았습니다
寝る 자다	2	寝ました 잤습니다	寝ませんでした 자지 않았습니다
遊ぶ 놀다	1	遊びました 놀았습니다	遊びませんでした 놀지 않았습니다
する 하다	3	しました 했습니다	しませんでした 하지 않았습니다
持つ 들다, 가지다	1	持ちました 들었습니다	持ちませんでした 들지 않았습니다
取る 잡다	1	取りました 잡았습니다	取りませんでした 잡지 않았습니다
呼ぶ 부르다	1	呼びました 불렀습니다	呼びませんでした 부르지 않았습니다
ある 있다	1	ありました 있습니다	ありませんでした 없었습니다
来る 오다	3	来ました 왔습니다	来ませんでした 오지 않았습니다
出す 내다	1	出しました 냈습니다	出しませんでした 내지 않았습니다
脱ぐ 벗다	1	脱ぎました 벗었습니다	脱ぎませんでした 벗지 않았습니다
死ぬ 죽다	1	死にました 죽었습니다	死にませんでした 죽지 않았습니다
聞く 듣다, 묻다	1	聞きました 들었습니다	聞きませんでした 듣지 않았습니다

Ⅱ.

① A: 昨日、ビールを飲みましたか。

　B: 飲みました。

② A: 先週、友達に会いましたか。

　B: 友達に会いませんでした。

③ A: 夕べ、ぐっすり寝ましたか。

　B: ぐっすり寝ました。

④ A: ワンさんはパーティに来ましたか。

　B: ワンさんはパーティに来ませんでした。

Ⅲ.

① ９時です。

② ４時１６分です。

③ １２時３０分です。／１２時半です。

④ ７時５５分です。

⑤ １１時２１分です。

⑥ ５時４８分です。

Ⅳ.

① A: 郵便局は何時から何時までですか。

　B: 郵便局は午前９時から午後４時までです。

② A: 本屋は何時から何時までですか。

　B: 本屋は午前７時５０分から午後10時まで
　　です。

③ A: 銀行は何時から何時までですか。

　B: 銀行は午前９時から午後３時までです。

④ A: 映画は何時から何時までですか。

　B: 映画は午前4時１５分から午後6時４５分
　　までです。

Ⅴ.

① 友達と日本語で話しました。

② 家から学校まで何分かかりますか。

③ ここからレストランまで歩きますか。

09 과

Ⅰ.

① 本を借りに行きます。

② 運動をしに行きます。

③ 友達とコンサートを見に行きます。

④ 明日プレゼントを買いに行きます。

Ⅱ.

① A: あそこに座りませんか。

　B: 座りましょう。

② A: ここで写真を撮りませんか。

　B: 撮りましょう。

③ A: 明日、渋谷で会いませんか。

　B: 明日はちょっと。／渋谷はちょっと。

④ A: 週末、遊びに行きませんか。

　B: 週末はちょっと。

Ⅲ.

① 少し休みましょうか。

② タクシーで帰りましょうか。

③ 音楽を聞きましょうか。

④ お酒を飲みに行きましょうか。

Ⅳ.

① 私が手伝いましょうか。

② 私が案内しましょうか。

③ 日曜日、遊びに行きませんか。

10 과

Ⅰ.

① パソコンがほしいです。

② スマホがほしいです。

③ 車はほしくありません。

　(= ほしくないです。)

④ 時計はほしくありません。

　(= ほしくないです。)

Ⅱ.

① A: テレビが見たいですか。

　B: はい、テレビが見たいです。

　　　いいえ、テレビは見たくありません。

　　　(= 見たくないです。)

② A: コーラが飲みたいですか。

　B: はい、コーラが飲みたいです。

　　　いいえ、コーラは飲みたくありません。

　　　(= 飲みたくないです。)

③ A: 旅行がしたいですか。

　B: はい、旅行がしたいです。

　　　いいえ、旅行はしたくありません。

　　　(= したくないです。)

④ A: 友達に会いたいですか。

　B: はい、友達に会いたいです。

　　　いいえ、友達に会いたくありません。

　　　(= 会いたくないです。)

Ⅲ.

① 音楽を聞きながら勉強します。

② 歌を歌いながら踊ります。

③ コーヒーを飲みながら新聞を読みます。

④ カーナビを見ながら運転します。

Ⅳ.

① 日本語のテストは９月20日です

② 学校の体育大会は９月14日の日曜日です。

③ 李さんの誕生日は９月５日です

④ 旅行は９月７日から９月10日までです。

회화 해석

01 과 [학교에서]

기무라 다나카 씨, 이쪽은 이(보라) 씨입니다.

이보라 처음 뵙겠습니다. 저는 이보라입니다.
아무쪼록 잘 부탁드리겠습니다.

다나카 처음 뵙겠습니다. 다나카 리에입니다.
저야말로 잘 부탁드리겠습니다.

이보라 다나카 씨는 회사원입니까?

다나카 아니요, 저는 회사원이 아닙니다. 대학생입니다.

이보라 아, 그렇습니까? 저도 대학생입니다. 몇 학년
입니까?

다나카 1학년입니다. 이(보라) 씨는 중국인입니까?

이보라 아니요, 중국인이 아닙니다. 한국인입니다.

02 과 [교실에서]

김지호 죄송합니다(저기요, 저...), 그것은 무엇입니까?

다나카 이거 말입니까? 이것은 일본 잡지입니다.

김지호 저것은 무엇입니까?

다나카 저것은 일본어 책입니다.

김지호 저 일본어 책은 누구의 것입니까?

다나카 저것은 기무라 씨 것입니다.

김지호 이 볼펜도 기무라 씨 것입니까?

다나카 아니요, 그 볼펜은 기무라 씨 것이 아닙니다.

김지호 다나카 씨의 것은 어느 것입니까?

다나카 이것이 제 것입니다.

03 과 [학교에서]

김지호 다나카 씨, 안녕하세요.

다나카 아, 김(지호) 씨, 안녕하세요.

김지호 오늘은 따뜻하네요.

다나카 그렇군요. 따뜻해서 기분이 좋네요.
일본어 수업은 어떻습니까?

김지호 재미있지만 어렵습니다.
일본 문학 수업도 어렵습니까?

다나카 아니요. 별로 어렵지 않습니다.
대학 생활은 어떻습니까?

김지호 매우 즐겁습니다.

04 과 [학교에서]

다나카 김(지호) 씨, 이것은 누구 사진입니까?

김지호 이것은 제 친구 사진입니다.

다나카 아주 예쁜 분이군요.

김지호 네, 그녀는 예쁘고 요리도 잘합니다.

다나카 아, 그렇습니까? 김(지호) 씨도 요리를 잘합
니까?

김지호 아니요, 별로 잘하지 못합니다.

다나카 그럼, 좋아하는 요리는 무엇입니까?

김지호 저는 우동을 좋아합니다. 다나카 씨는요?

다나카 저는 비빔밥을 매우 좋아합니다.

05 과 [카페에서]

(케이크를 고르면서)

다나카 이(보라) 씨, 딸기 케이크와 바나나 케이크 어
느 쪽을 좋아합니까?

이보라 바나나 케이크보다 딸기 케이크 쪽을 좋아합니다.

다나카 저도요. 딸기 케이크와 함께 홍차는 어떻습니까?

이보라 좋네요.

(케이크를 먹은 후)

다나카 케이크는 어땠습니까?

이보라 무척 맛있었습니다.
이 가게는 맛있고 가격도 비싸지 않네요.

다나카 그렇네요.
게다가 케이크 종류도 많아서 저는 이 동네
카페 중에서 여기를 가장 좋아합니다.

06과 [학교에서]

김지호 저, 다나카 씨, 기무라 씨는 어디에 있습니까?
다나카 기무라 씨는 헬스장에 있습니다.
김지호 그렇습니까? 헬스장은 어디에 있습니까?
다나카 이 캠퍼스에는 체육관이 두 개 있습니다.
　　　 헬스장은 제 1체육관 1층에 있습니다.
　　　 제 1체육관은 저 건물 뒤입니다.
김지호 저 건물 뒤 말이죠?
　　　 감사합니다.

07과 [대학 캠퍼스에서]

기무라 김(지호)씨, 이제부터 무엇을 할 겁니까?
김지호 도서관에서 발표 준비를 할 겁니다. 기무라
　　　 씨는요?
기무라 저는 시부야에 갑니다.
김지호 쇼핑입니까?
기무라 아니요, 쇼핑은 아닙니다. 친구를 만납니다.
김지호 친구와 무엇을 할 겁니까? 술을 마십니까?
기무라 아니요, 술은 마시지 않습니다. 밥을 먹을 겁니다.
　　　 그리고 재즈 콘서트를 볼 겁니다.
김지호 아~, 재즈를 좋아합니까?
기무라 네, 좋아합니다.

08과 [버스 정류장에서]

김지호 어제는 몇 시에 돌아갔습니까?
기무라 택시로 12시에 돌아갔습니다.
김지호 늦었네요. 즐거웠습니까?
기무라 무척 즐거웠습니다. 노래방에서 8시부터 11시
　　　 반까지 노래를 불렀습니다.
김지호 우와, 대단하네요. 목은 아프지 않습니까?
기무라 아니요, 괜찮습니다.
　　　 그런데 발표 준비는 완성됐습니까?
김지호 네, 완성됐습니다. 하지만 1시간밖에 못 잤습니다.
기무라 힘들었겠네요.

09과 [학교에서]

다나카 이(보라) 씨, 김(지호) 씨, 어디에 갑니까?
이보라 우리는 메밀국숫집에 점심을 먹으러 갑니다.
　　　 다나카 씨는 어디에 갑니까?
다나카 저도 식사하러 갑니다.
김지호 그렇습니까? 괜찮다면 함께 먹지 않겠습니까?
이보라 다나카 씨, 같이 갑시다.

[메밀국숫집에서]

김지호 이 가게 메밀국수는 정말로 맛있네요.
다나카 저도 여기 메밀국수를 아주 좋아합니다.
　　　 그런데 이(보라) 씨, 김(지호) 씨, 이번 주말
　　　 우리 집에 놀러 오지 않겠습니까?
이보라 네, 꼭. 김(지호) 씨도 함께 갑시다.
김지호 네. 다나카 씨 집은 어디입니까?
다나카 우리 집은 우에노 역 근처예요. 역에서 만날
　　　 까요?
김지호 그렇게 합시다.

10과 [공원에서]

기무라 이(보라) 씨, 9월 5일은 이(보라) 씨 생일이지요?
김지호 이번 주 금요일입니까?
이보라 네, 금요일입니다.
기무라 선물은 무엇을 원합니까?
이보라 선물말입니까? 선물은 괜찮습니다.
기무라 그럼 무엇을 하고 싶습니까?
이보라 다 함께 맛있는 것이라도 먹고 싶습니다.
김지호 기무라 씨, 어딘가 괜찮은 가게는 없습니까?
기무라 아 있어요, 좋은 가게.
　　　 거기서 야경을 보면서 다 함께 파티를 합시다.
이보라 정말입니까? 기쁩니다.
김지호 케이크는 제가 준비하겠습니다.

168

집필 **소명선** 제주대학교 일어일문학과 교수

김대양 제주대학교 일어일문학과 강사

박진향 제주대학교 일어일문학과 강사

손영석 제주대학교 일어일문학과 강사

최희숙 제주대학교 일어일문학과 강사

이토 에미(伊藤江美) 제주대학교 일어일문학과 강사

마쓰자키 미에코(松崎美恵子) 제주대학교 일어일문학과 강사

기초를 **단단히 다지는**
단단 일본어 입문 **1**

초판인쇄	2019년 2월 25일
1판 5쇄	2023년 4월 20일

저자	소명선, 김대양, 박진향, 손영석, 최희숙, 이토 에미(伊藤江美), 마쓰자키 미에코(松崎美恵子)
책임 편집	조은형, 무라야마 토시오, 김성은
펴낸이	엄태상
디자인	이건화
콘텐츠 제작	김선웅, 장형진
마케팅	이승욱, 왕성석, 노원준, 조성민, 이선민
경영기획	조성근, 최성훈, 정다운, 김다미, 최수진, 오희연
물류	정종진, 윤덕현, 신승진, 구윤주

펴낸곳	시사일본어사(시사북스)
주소	서울시 종로구 자하문로 300 시사빌딩
주문 및 교재 문의	1588-1582
팩스	0502-989-9592
홈페이지	www.sisabooks.com
이메일	book_japanese@sisadream.com
등록일자	1977년 12월 24일
등록번호	제 300-2014-31호

ISBN 978-89-402-9253-2 (14730)

   978-89-402-9252-5 (세트)